Manuel Gómez Polonio

Mi diario de la guerra
1936-1939

2023

Impresion y editorial: BoD - Books on Demand
info@bod.com.es - www.bod.com.es
Impreso en Alemania - Printed in Germany

ISBN: 9788411740234

A la memoria de
Manuel Gómez Polonio
y Teresa García Robles

ÍNDICE

PRÓLOGO

Ahora, cuando han trascurrido 84 años de la terminación de la Guerra Civil española, cuando se han cumplido 106 años del nacimiento del autor y quince de su fallecimiento, he decidido dar a la imprenta el manuscrito del diario que redactó. Mi esperanza sería que la memoria fiel de lo que sucedió contribuya, por modestamente que sea, a una visión verídica de aquellos dramáticos acontecimientos que marcaron de forma irreversible el tiempo que nos ha permitido llegar a ser lo que hoy somos.

En 1936, al estallar la guerra, el autor del presente diario era un muchacho que apenas contaba diecinueve años de edad. Había nacido en Montilla, en la campiña de Córdoba, el 13 de enero de 1917. Estudió la enseñanza primaria obligatoria, que entonces terminaba a los doce años, en el colegio salesiano de la ciudad. Al año siguiente, empezó a trabajar en la oficina de las bodegas Méndez, al tiempo que hacía por su cuenta unos cursos de contabilidad para aprender el oficio. El estado de guerra lo sorprendió y vino a alterar su vida, como la de todo el país. Por azares imprevistos, el pueblo quedó desde el principio en poder del bando nacional. El mozo hubiera querido incorporarse a filas, pero aún no tenía la edad reglamentaria, por lo que hubo de esperar hasta que llamasen a su quinta. En tan inusuales circunstancias, como, aparte de contable, era aficionado a la escritura, se le ocurrió la idea de ir anotando algunos de los hechos que pasaban a su alrededor. En este empeño perseveró día tras día y mes tras mes, hasta finales de 1939.

El texto aquí transcrito comienza aquel 18 de julio de 1936, con unas escuetas anotaciones ocasionales que, desde junio de 1937, se convirtieron en un verdadero diario de la guerra percibida por él. Por mi parte, he respetado íntegramente la redacción original del autor, sin añadidura, ni supresión, ni glosa. El dietario incorpora, además de las observaciones propias, numerosos datos del diario de operaciones del Primer Grupo de Artillería Legionaria, perteneciente al Regimiento de Artillería Ligera número 3, de Sevilla, la unidad militar donde sirvió. El relato definitivo fue mecanografiado en los meses posteriores al final del conflicto. En sus páginas, el diarista recoge una minuciosa reseña de las peripecias, tanto personales como bélicas, que vivió en los frentes del Pirineo aragonés, por los montes de las provincias de Zaragoza, Teruel y Castellón, en el avance del Ejército nacional en dirección a Valencia. Al cabo de tres años largos, el diario concluye en diciembre de 1939, una vez que el autor obtuvo el licenciamiento y regresó a casa con sus padres. No había cumplido todavía los veintitrés años y, en aquella época de penuria, aún le faltaban varios de posguerra para poder casarse.

En este diario de guerra tenemos un testimonio de primera mano que, junto al interés de la experiencia cotidiana de la que guarda memoria, nos ofrece un documento de carácter histórico irrecusable, por humilde que sea, que puede ayudarnos a conocer y entender mejor ciertos aspectos de aquella realidad trágica, compleja, determinante y objeto de tantas polémicas. Como es lógico e ineludible, la manera de expresarse refleja el horizonte, la mentalidad y el lenguaje del momento. Pero esto, lejos de ser censurable, refuerza su valor de autenticidad.

Afortunadamente, el joven volvió ileso tras la contienda. Por lo que él mismo manifiesta, el apoyo moral que le permitió soportar con resolución las cargas, las privaciones, los peligros, las angustias y los sacrificios de la guerra lo recibió de su arraigada fe cristiana y su patriotismo, junto con la solicitud de sus padres y familiares y, en especial, el amor de su novia. Con ella mantuvo una correspondencia muy asidua, cada semana, un epistolario digno de publicarse en apéndice, si no fuera porque supondría agregar seiscientas cincuenta páginas más.

Por último, al preparar esta edición del diario, me ha parecido ilustrativo, y necesario para lectores poco informados, intercalar en el texto principal breves referencias a algunas efemérides sincrónicas de orden político y militar, con el fin de rememorar el contexto de lo que acontecía en el marco más general de España y el desarrollo de la guerra. Irán al principio de cada mes, entre rayas y con menor tamaño de letra.

Pedro Gómez García
Granada, marzo de 2023

AÑO 1936

A continuación voy a hacer un relato de mi vida, desde la iniciación del glorioso Movimiento Nacional, salvador de España, el 18 de julio de 1936, hasta el día que terminé de prestar mis servicios militares a la patria.

Debido a la vida que he llevado durante dicho tiempo, siempre muy activa, no me preocupaba de hacer el diario de mi vida todos los días, y por eso no puedo ponerlo tan detallado como quisiera y con todos los hechos y casos que me han ocurrido.

Pero solo quiero tener el gusto de anotar lo más principal, como recuerdo de esta gran cruzada.

Antecedentes.

En la Segunda República Española, el Frente Popular, coalición de partidos de izquierdas, llegó al poder en febrero de 1936, según está hoy documentado, mediante un fraude electoral.. Con el Gobierno del Frente Popular, la difícil situación política y social de España se deterioró gravemente en los meses siguientes.

Ante una polarización de la sociedad cada vez más radical y violenta, el Ejército de la República se dividió en dos. Una parte defendió al Gobierno del Frente Popular y apoyó la revolución. Otra parte se sublevó contra la deriva revolucionaria.

El Gobierno del Frente Popular optó por la revolución y entregó armas a las organizaciones socialistas, comunistas, anarquistas y republicanos de izquierda.

Los diputados de los partidos opuestos al Frente Popular, unos doscientos, fueron excluidos de las Cortes y perseguidos. Se cumplía así el proyecto de «una República solo de izquierdas».

Desde este momento, se acabó de hecho la democracia en la República: la legalidad constitucional republicana dejó de funcionar, a la vez que la legitimidad democrática de las instituciones dejaba de existir.

Esta es la razón por la cual las naciones democráticas no ayudaron a aquella República. El Ejército del Frente Popular recibió ayuda de la Unión Soviética y del Frente Popular francés. El Ejército Nacional recibió ayuda de Italia y de Alemania.

La guerra decidiría qué bando iba ser el vencedor.

JULIO DE 1936

17 de julio. La guarnición militar de Melilla se sublevó. Le siguieron las demás plazas y todo el Protectorado Español de Marruecos. Los sublevados dominaron la situación allí y declararon el estado de guerra. El Gobierno de la República, del Frente Popular, creyendo que se trataba de un pronunciamiento, no tomó suficientes medidas.

18 de julio. El general Manuel Goded en Baleares y el general Francisco Franco en Canarias se unieron al alzamiento nacional. Franco dirigió un llamamiento a las Divisiones y Bases navales.

El general Gonzalo Queipo de Llano, favorable al bando nacional, se apoderó del mando de la II Región Militar y con escasas fuerzas controló algunos puntos estratégicos de Sevilla. En Andalucía se alzaron las plazas de Jerez, Cádiz, Algeciras, Córdoba y Málaga; dudas en Granada. En Madrid, se movilizaron los sindicatos y los partidos de izquierda en apoyo del Gobierno. El general Andrés Saliquet se hizo con Valladolid y proclamó el estado de guerra. En Burgos, fue destituido el general Domingo Batet y se estableció la ley marcial. Falangistas y derechistas en Castilla la Vieja apoyaron el movimiento. El general Franco voló desde Canarias a Marruecos y pernoctó en Casablanca. El general Miguel Cabanellas sublevó las guarniciones de Aragón y envió a Emilio Mola fusiles y municiones.

Santiago Casares Quiroga, presidente del Consejo de Ministros, dimitió, y se formó un efímero Gobierno presidido por Diego Martínez Barrio, que intentó pactar con el general Mola, ofreciéndole dos carteras para militares comprometidos. Pero el intento fracasó.

19 de julio. A primeras horas, se sublevó Barcelona y otras guarniciones. Les combatieron Guardias de Asalto y numerosos paisanos, principalmente de la CNT-FAI. El general Mola se sublevó en Pamplona con la colaboración de requetés. El levantamiento se extendió en muchas ciudades de Castilla la Vieja y León. Tras dominar Palma de Mallorca, el general Goded se trasladó a Barcelona para tomar el mando de los sublevados, pero fueron batidos y Goded hecho prisionero. Se unieron a la sublevación las ciudades de Vitoria, Oviedo y Cáceres.

En Madrid, se formó un nuevo Gobierno presidido por José Giral, que decidió entregar armas a las organizaciones sindicales y los partidos de izquierda.

20 de julio. Las tropas del Gobierno atacaron al Cuartel de la Montaña y a los sublevados de Getafe y Carabanchel que, tras una lucha breve pero intensa, fueron reducidos. Se sublevaron en Galicia y hubo combates en La Coruña y Vigo. A lo largo de la mañana, en Barcelona, fueron tomados los últimos reductos rebeldes. La CNT-FAI se apoderó de considerable armamento y se hizo con el control de la ciudad. El general José Sanjurjo falleció en accidente de aviación. Comenzaron a perfilarse las dos zonas, roja y nacional, y a organizarse columnas militares.

21 de julio. Se creó en Barcelona el Comité de Milicias Antifascistas, que estaba dominado por la CNT-FAI. Se constituyó como el verdadero órgano de poder ejecutivo en la ciudad.

23 de julio. En Burgos, se formó la Junta de Defensa Nacional, presidida por el general Cabanellas. Alicante quedó en poder del Frente Popular. El fundador de las Juntas Castellanas de Actuación Hispánica, Onésimo Redondo, murió en Labajos (Segovia).

24 de julio. La columna del dirigente anarquista Buenaventura Durruti salió desde Barcelona en dirección a Zaragoza. Se fundó del Partit Socialista Unificat de Catalunya (PSUC).

25 de julio. La tropa de Durruti tomó la ciudad de Caspe (Zaragoza). En Barcelona, como ayuda a la República, aterrizaron aviones suministrados por Francia, donde gobernaba el Frente Popular. Alemania decidió enviar ayuda a los sublevados.

28 de julio. Llegaron para el Ejército Nacional los primeros aviones enviados por Italia y Alemania.

Escudo de la II República.

Día 18 de julio de 1936. Fecha gloriosa. Me encontraba en mi pueblo. Por la mañana de ese día, empiezan a correrse los rumores de que «las tropas de África se han sublevado en contra del Gobierno». En el pueblo ya se empieza a notar una poca de agitación y un ir y venir de un sitio para otro a los dirigentes socialistas de la Casa del Pueblo, que tenían el mando de la ciudad, puesto que el alcalde, *El Perla*, era socialista y cabecilla de todos ellos.

Por la tarde, sobre las cuatro, nuevos rumores circulan: «En Sevilla están a tiros los militares en contra del poder». «Se han sublevado en contra de la República». Entonces fue cuando los cabecillas de la Casa del Pueblo, obedeciendo órdenes del alcalde, empezaron a meter presos en la cárcel a todas las personas de derechas más destacadas. Llegaban por ellos a sus casas y se los llevaban a la fuerza, en medio de pandillas de socialistas, que, por su cuenta, prendían y maltrataban a todo el que querían. Eran las 10 de la noche y los socialistas seguían mangoneando por la población, armados de escopetas, pistolas y garrotes.

13

La Guardia Civil, en vista del número tan pequeño que eran para ponerse en contra de tantos socialistas, que eran dueños del pueblo, optaron por quedarse acuartelados. Pero, sobre las 11 de la noche, todos los guardias, montados en un coche de la Guardia Civil grande, atravesaron el pueblo, cogiendo la carretera de Córdoba, con intención de ir a esta capital y ponerse allí a las órdenes de las autoridades, ya que en el pueblo, debido al número tan pequeño que formaban, no podían a su juicio hacer nada.

Mientras tanto, los dirigentes o cabecillas socialistas del pueblo se alegraron al ver que la Guardia Civil, temiéndoles, se habían marchado. Al llegar el camión con los guardias a Montemayor, se encontraron con árboles atravesados en medio de la carretera y, enterados de que no podrían llegar a Córdoba, porque en Fernán Núñez (por donde tenían que pasar) estaban a tiros los cabecillas izquierdistas, decidieron volver a Montilla otra vez e intentar adueñarse del pueblo. Así lo hicieron, uniéndoseles a ellos dos o tres guardias más de Montemayor. Entraron en el pueblo dando tiros al aire, para meter pánico (las calles estaban llenas de gente que corría en todas direcciones), y tirándole al cuerpo al que les hacía frente. Así llegaron hasta el Ayuntamiento, que tomaron tras de un intenso tiroteo con los socialistas que en gran número estaban dentro. La mayoría de ellos escaparon por las tapias del corral del Ayuntamiento, teniendo que romper para ello algunos tabiques. A los demás se les desarmó y ordenó que marchasen a sus casas. En el tiroteo del Ayuntamiento, murió por un balazo de la Guardia Civil un municipal que se oponía a que estos entrasen, tirándoles con una escopeta.

Seguidamente marcharon los guardias a la cárcel, a poner en libertad a las personas de derecha, teniendo para ello que ir haciendo fuego por las calles a las bandas de personal socialistas, que se les oponían. Hubo varios muertos y heridos de los socialistas. Ellos hirieron en un pie al capitán de la Guardia Civil, apellidado Canis Matute. Por fin llegaron a la cárcel con tiempo, gracias a Dios, de salvarles la vida, pues les tenían preparadas latas de petróleo para rociarlos con ellas y prenderles fuego.

Se cogieron bastantes prisioneros, que entraron en el lugar del personal de derechas que fue puesto en libertad por la Guardia Civil. Todos los prisioneros de derechas, al salir de la cárcel con los guardias, fueron armados con pistolas, que les entregaron en el cuartel. Y entre todos se restableció el orden en la ciudad. A la una de la mañana, ya estaba Montilla unida al Movimiento Nacional y a las órdenes del caudillo Franco, organizador de tan glorioso movimiento.

Así amaneció el día 19. Se procedió a la detención de personas contrarias al nuevo régimen. La radio de Sevilla empezaba a dar noticias alentadoras: Se había declarado el estado de guerra. El general don Gonzalo Queipo de Llano hablaba cada hora por la radio, dando bandos, órdenes y noticias. Ya el Movimiento Nacional se había propagado en toda España. Vivíamos horas difíciles, de angustia, de dolor y de alegría.

Desde el 20 al 31, se organizaron las Milicias Nacionales para la Defensa de España. Yo me apresuré a apuntarme a ellas, con mi padre. Me dieron un brazalete blanco, con un número y el sello de la Guardia Civil, y me entregaron una licencia para poder prestar servicio con mi escopeta y un revólver Velodog. Mi hermano [Pedro], que estaba sirviendo en Madrid y le sorprendió el movimiento en mi casa, desde el día 20 vistió el uniforme y se puso a las órdenes de las autoridades del pueblo, hasta último de julio, que marchó a incorporarse al Regimiento de Artillería Pesada nº 1, en Córdoba.

AGOSTO DE 1936

2 de agosto. Se formó nuevo Gobierno de la Generalitat, con tres miembros del PSUC. El Gobierno de Giral decretó la incautación de las empresas relacionadas con los rebeldes. Los cuarteles sublevados en Valencia capitularon.

6 de agosto. Franco, con las tropas de Marruecos, cruzó el Estrecho de Gibraltar y llegó a Sevilla.

8 de agosto. Los republicanos tomaron Ibiza y Formentera, en las Islas Baleares.

10 de agosto. El Gobierno del Frente Popular decretó la clausura de todas las instituciones religiosas.

11 de agosto. El general Juan Yagüe, al frente de una columna del Cuerpo de Ejército Marroquí, avanzó por Extremadura y tomó Mérida.

12 de agosto. Los generales Manuel Goded y Álvaro Fernández Burriel fueron fusilados en Barcelona.

14 de agosto. Badajoz cayó en poder de las columnas de Juan Yagüe.

16 de agosto. Al mando del capitán Alberto Bayo, un contingente republicano de casi 10.000 hombres desembarcó en Mallorca.

19 de agosto. El poeta Federico García Lorca fue fusilado por los nacionales en el barranco de Víznar (Granada).

23 de agosto. En la cárcel Modelo de Madrid, fueron asesinados Melquíades Álvarez, Julio Ruiz de Alda y Fernando Primo de Rivera, entre otros. También en Madrid, se crearon los tribunales populares.

25 de agosto. Llegó a Barcelona el cónsul soviético Antonov Ovséyenko.

En este mes se agravó la persecución religiosa y anticlerical por parte de las organizaciones de izquierdas, que caracterizó al gobierno del Frente Popular. Al final de la guerra, el balance de asesinatos incluiría a 13 obispos, 4.184 sacerdotes seculares, 2.365 religiosos y 296 religiosas.

Todos los pueblos cercanos a Montilla están bajo el poder del Gobierno de la República, que ya se les empieza a nombrar con el nombre de rojos. Yo, durante el día, trabajo en la oficina (Bodegas Méndez), y por las noches presto servicio para la defensa del pueblo, unas veces en el Ayuntamiento, en el Palacio o en los parapetos que se pusieron alrededor del pueblo en todas las bocacalles. En anocheciendo, nadie puede andar por las calles. A cada cuatro pasos le dan el alto. Hay que tener mucha vista, pues en el pueblo hay muchos rojos, que están callados y quietos porque no tienen más remedio.

En este mes, vino la aviación roja y bombardeó el pueblo. Echó bastantes bombas, pero pequeñas. Eran tres aparatos. Serían sobre las 7 de la mañana. Yo estaba en ese momento en el patio de mi casa, tomando

16

el desayuno, cuando, estando mirándolos, sentí las explosiones. Desde la torre de la iglesia de Santiago, les tiraban con fusiles. De resultas del bombardeo hubo algunos muertos y heridos, casi todos de personal del campo, que estaban en las afueras del pueblo, preparados para marchar a trabajar. En la bodega de Méndez cayó una bomba que destrozó el tejado y rompió dos o tres toneles de vino, que se derramó por el suelo. Otras cayeron en el Ayuntamiento (allí se encontraba mi padre, cuando cayeron), también en el Cerrillo de San José, en la calle Barreruela Baja y en las cercanías de la estación, donde mató a varios cerdos de una manada que había por allí.

Desde el día siguiente al bombardeo, todas las personas que eran de ideas izquierdistas se marcharon a Espejo. Familias enteras se iban todos los días.

SEPTIEMBRE DE 1936

2 de septiembre. En Valladolid, Manuel Hedilla fue designado jefe provisional de la Junta de Mando de Falange.

3 de septiembre. Desde Extremadura, la columna marroquí avanzó por el Tajo y tomó Talavera de la Reina. Los republicanos fueron definitivamente rechazados de Mallorca.

4 de septiembre. Dimitió Giral como presidente del Consejo. Francisco Largo Caballero formó el primer Gobierno de guerra, con participación de republicanos de izquierda, socialistas y comunistas.

5 de septiembre. Desde Navarra, el general Mola con las fuerzas tradicionalistas conquistó Irún, rompiendo así la comunicación de la zona vasco-asturiana con el resto del territorio controlado por el Frente Popular.

9 de septiembre. Se celebró, en Londres, la primera reunión del Comité de No Intervención, a la que asistieron representantes de 25 países, con la ausencia de Portugal.

13 de septiembre. Las columnas de Mola entraron en San Sebastián. El Gobierno del Frente Popular decidió trasladar a Cartagena el oro del Banco de España.

14 de septiembre. En una audiencia concedida a 500 peregrinos españoles, el papa Pío XI se refirió al «odio satánico hacia Dios» mostrado por el Frente Popular.

22 de septiembre. Prieto, ministro de Marina y Aire, ordenó el traslado de la flota republicana al Cantábrico.

25 de septiembre. En la zona rebelde, se prohibió por decreto cualquier actividad política y sindical.

26 de septiembre. Se disolvió el Comité Central de Milicias Antifascistas de Cataluña. La CNT entró a formar parte del Gobierno de la Generalitat. El Gobierno de Burgos anuló la Reforma Agraria y restituyó las tierras a sus antiguos propietarios.

27 de septiembre. Las tropas nacionales, a las órdenes de José Enrique Varela, tomaron Toledo y rompieron el cerco al Alcázar. Siguieron avanzando en dirección a Madrid.

29 de septiembre. En Burgos, la Junta de Defensa Nacional nombró a Francisco Franco nuevo Jefe del Gobierno y Generalísimo de los Ejércitos.

En igual situación que el mes anterior. Durante el día iba a trabajar a la oficina y por las noches hacía servicio. Me asignaron un puesto fijo en la calle San Fernando, en la esquina de la calle del cuartel. En la noche tenía que hacer dos puestos de dos horas y, cuando no estaba de puesto, dormía en una manta en un zaguán de los cercanos al parapeto.

Cada día, nuestro glorioso Ejército, que se estaba organizando, iba conquistando nuevos laureles, liberando pueblos y terreno, para la nueva España. Ya mi pueblo no estaba tan cercado por los rojos. Se habían liberado los pueblos de Fernán Núñez, La Rambla, Montemayor, Aguilar y Puente Genil. La única pesadilla que teníamos era Espejo. Todas las noches venía la caballería roja, que había en el mismo, a las cercanías de Montilla, a tirotearnos. Pero ninguna noche se atrevieron a entrar. Llegó a ponerse la situación tan estrecha que nadie se atrevía a salir a trabajar al campo, pues grupos de rojos armados se llevaban para Espejo a todo el que cogían por el campo, dándose el caso de llevarse cuadrillas enteras de trabajadores.

OCTUBRE DE 1936

1 de octubre. En Burgos, Francisco Franco fue investido Jefe de Gobierno del Estado.

7 de octubre. José Antonio Aguirre juró como Presidente de Euzkadi.

10 de octubre. Un decreto del Gobierno creó el Ejército Popular y se militarizaron las diferentes milicias.

12 de octubre. Cayó la primera línea de defensa en torno a Madrid. Llegaron las primeras armas y cuadros rusos enviados por Stalin.

15 de octubre. Largo Caballero creó el Comisariado de Guerra y tomó el mando de las fuerzas militares del Frente Popular.

21 de octubre. Las tropas del general Mola conquistaron Navalcarnero, en las cercanías de Madrid.

22 de octubre. El Gobierno del Frente Popular aprobó la creación de Brigadas Internacionales, promovidas por el Partido Comunista.

24 de octubre. El Gobierno del Frente Popular nombró al general José Asensio subsecretario de Guerra y al general Sebastián Pozas jefe del Ejército del Centro.

25 de octubre. Se firmó el pacto UGT-CNT. Un total de 510 toneladas de oro del Banco de España salieron de Cartagena con destino a Odesa, en la Unión Soviética.

29 de octubre. En Madrid, fueron fusilados el literato e ideólogo Ramiro de Maeztu y el filósofo y político Ramiro Ledesma Ramos.

Sigo en la oficina por el día, y prestando mis servicios de armas por la noche en el pueblo. Ya estamos más contentos. Nuestra pesadilla, Espejo, está en nuestro poder. Costó tres días para poderlo conquistar, y quedó casi deshecho de tantos cañonazos y bombas de la aviación.

El día 6 de este mes, fueron movilizadas las quintas del 1933 y 1934, por orden general del Ejército del Sur.

En el pueblo se organiza la Sección Móvil, afecta a las Milicias Nacionales, y que está formada por muchachos de 18 a 20 años. Yo me afilié a dicha Sección, que la componíamos unos 150 muchachos. Teníamos nuestro cuartel en la calle Teniente Gracia, al lado del Casino Artesano. Nuestro jefe era el teniente de la Guardia Civil retirado, don Rafael Sotelo. Hacemos vida de cuartel. Nos nombran el servicio de control de camiones en la carretera de Espejo, en la Puerta Aguilar y el recorrido de patrullas por la vía, pues solían los rojos poner petardos para que descarrilara el tren. Este recorrido era el siguiente. De la estación de Montilla salían dos patrullas, una para Aguilar y otra en sentido contrario, para Montemayor, teniendo que ir hasta las estaciones de los dos pueblos citados y regresar. Este servicio era el más malo, porque había que andar mucho. Los que diariamente quedaban libres de servicio dormían en el cuartel, por si ocurría alguna cosa durante la noche, salir enseguida. Pues todos los de la Sección Móvil teníamos mosquetones, que nos los trajeron de Sevilla.

El día 15 de este mes (Santa Teresa), día de mi novia, lo pasé alegremente en su compañía. ¿Dónde lo pasaré el año que viene? ¿Estaremos aún en guerra? Estas eran las preguntas que se me ocurría hacerme.

NOVIEMBRE DE 1936

4 de noviembre. Las fuerzas de Franco ocuparon Alcorcón, Leganés, Getafe y Cuatro Vientos. Estaban a solo cinco kilómetros de Madrid. Este avance forzó a las organizaciones de la coalición de Gobierno a intentar una mayor unidad política. Entraron a formar parte del Gobierno (de Largo Caballero) los cenetistas Juan García Oliver, Federica Montseny, Juan Peiró y Juan López.

6 de noviembre. Franco lanzó una proclama a los madrileños invitándolos a la rendición. El Gobierno del Frente Popular abandonó la capital y se trasladó a Valencia. El general José Miaja se hizo cargo de la defensa de Madrid.

7 de noviembre. El Ejército Nacional llegó hasta la Ciudad Universitaria de Madrid. Las Brigadas Internacionales intervinieron en defensa de la capital. Se formó la Junta de Defensa de Madrid, en representación del Gobierno (disuelta el 23 de abril de 1937).

13 de noviembre. El general Varela tomó el cerro Garabitas, en la Casa de Campo.

17 de noviembre. Se libraron durísimos combates en torno al Clínico. La aviación nacional siguió bombardeando Madrid.

18 de noviembre. Alemania e Italia reconocieron oficialmente al Gobierno de Franco.

19 de noviembre. El dirigente anarquista Durruti murió en la Ciudad Universitaria.

20 de noviembre. El fundador de Falange, José Antonio Primo de Rivera, fue fusilado en la cárcel de Alicante.

23 de noviembre. Tras fracasar el intento de ocupar Madrid, Franco desistió de atacar la capital frontalmente.

Continúo en la misma situación que el mes anterior, en mis trabajos de la oficina y prestando mis servicios por la noche en la Sección Móvil. Ya los parapetos que teníamos en las bocacalles desaparecen, y no se hace servicio nada más que en el control de coches a la salida de la calle Santa Brígida (este servicio por la noche lo hacemos los de la Sección Móvil), otro control en la Puerta de Aguilar, el del recorrido de la vía y una patrulla por las calles.

El espíritu y entusiasmo por la causa cada día es mayor. Se sigue conquistando terreno continuamente. Por el pueblo pasan constantemente tropas nacionales, que van y vienen del frente. A Madrid se le tiene cercado. Hay manifestaciones muy a menudo, celebrando las conquistas de nuestro Ejército. En este mes fueron movilizadas las quintas de 1932 y 1936.

DICIEMBRE DE 1936

---

11 de diciembre. En la Sociedad de Naciones, Álvarez del Vayo solicitó la condena de Italia y Alemania por haber reconocido a Franco, y criticó la no intervención.

15 de diciembre. Los nacionales reanudaron la ofensiva sobre Madrid, intentando aislar a los republicanos del Guadarrama y cortando la carretera de La Coruña.

22 de diciembre. Desembarcó en Cádiz el primer contingente de 3.000 «camisas negras» italianos.

24 de diciembre. El Ejército del Frente Popular en Andalucía lanzó una ofensiva en el sector de Córdoba, pero fracasó. El general Queipo de Llano contraatacó y conquistó unos 1.500 kilómetros cuadrados de terreno.

27 de diciembre. Empezó la ofensiva del Ejército republicano contra Teruel.

31 de diciembre. El escritor y filósofo Miguel de Unamuno, rector de la universidad, falleció en Salamanca.

Continúo igual que los anteriores meses, y en espera de que mi quinta sea movilizada, para ingresar en el Ejército. Los meses pasan y la guerra se pone dura. Ya el enemigo está organizándose también. Y desde este mes son muy sangrientas las batallas. A pesar de ello, nuestras tropas siguen conquistando terreno sin parar. Pueblos y capitales pasan a nuestro poder.

El día 21 de este mes y por orden general del Ejército del Sur, fue movilizada la quinta de 1931. Ya nuestro glorioso Ejército se está haciendo fuerte. Además, hay muchos moros y legionarios de África.

Los padres del autor, 1936.

AÑO 1937

ENERO DE 1937

2 de enero. En el frente de Madrid, se reanudaron los combates. El Ejército Nacional tomó Villanueva del Castillo.

11 de enero. Los cruceros nacionales Canarias y Almirante Cervera bombardearon Málaga. Se inició la ofensiva contra esta ciudad.

19 de enero. En Salamanca, se inauguraron las emisiones de Radio Nacional de España, dirigida por Antonio Tovar.

30 de enero. El cardenal Isidro Gomá publicó una carta pastoral titulada *La cuaresma de España*, en la que se pronunciaba a favor de los rebeldes y culpaba a masones, judíos y comunistas.

Entramos en año nuevo forjando las nuevas victorias. Mis pensamientos al entrar este año son: ¿Terminará pronto la guerra? ¡Quién sabe! La santa cruzada empezó apenas sin armamento y sin Ejercito, y ha de costar muchos sacrificios y mucha sangre. En este mes, el grueso de las operaciones se está desarrollando por el norte.

FEBRERO DE 1937

6 de febrero. Se inició la ofensiva nacional sobre el río Jarama, con el propósito de rodear Madrid por el sureste.

8 de febrero. Unidades italianas tomaron Málaga. En el Jarama, proseguía la ofensiva nacional.

11 de febrero. Las tropas nacionales cruzaron el río Jarama.

15 de febrero. El general Miaja sustituyó a Pozas en el mando del frente del Jarama.

16 de febrero. El Ejército Nacional hizo un último intento de romper el frente en el Jarama, donde la defensa del Ejército rojo era enconada.

23 de febrero. El general Miaja contraatacó en el Jarama. Al ser repelido su ataque, finalizó la batalla.

28 de febrero. La España nacional decretó como himno nacional la antigua Marcha Real, aunque también se utilizaban el Cara al Sol, el Oriamendi y el himno de la Legión.

Las operaciones por todos los frentes, y en especial por el norte, se desarrollan muy favorables para nuestro Ejército. Yo continúo en mi pueblo, en el cual hay muchos voluntarios italianos. Empieza la ofensiva hacia «Málaga la roja», como así se denominaba. Y a ella marcharon todos los italianos, quedando en este mes Málaga en nuestro poder. Hubo una gran manifestación en el pueblo, a los gritos de ¡Viva España! y ¡Viva Franco! ¡Arriba España!

MARZO DE 1937

5 de marzo. El pleno del Partido Comunista de España pidió la unificación del Ejército y la liquidación del trotskismo.

8 de marzo. Comenzó la batalla de Guadalajara.

10 de marzo. Las tropas italianas entraron en Brihuega. Decidieron continuar su avance, muy rápido gracias a los motorizados. Pero se encontró con la resistencia republicana bajo un tiempo frío y lluvioso.

12 de marzo. En Guadalajara, se evidenció en el combate la superioridad de la aviación del Frente Popular.

13 de marzo. Se inició el contraataque del Ejército republicano en Guadalajara.

15 de marzo. Continuó el avance republicano en Guadalajara, de donde los italianos se retiraron desordenadamente.

18 de marzo. Las tropas del Frente Popular reconquistaron Brihuega.

21 de marzo. Termina la batalla de Guadalajara. Franco decidió emprender la campaña del Norte.

27 de marzo. Dados los conflictos entre formaciones políticas, los ministros anarquistas de la Generalitat presentaron su dimisión.

31 de marzo. El general Mola acometió la campaña del Norte, con el objetivo de conquistar Vizcaya.

Otro mes más de guerra y de victorias sin fin. Los rojos, por radio, dan muchos avances por parte de ellos, pero lo cierto es que nuestro Ejército, el Ejército que manda el caudillo Franco, les da diariamente serios escarmientos. Y ya que con las armas no consiguen detener el avance nacional, quieren figurar avances por radio, para meterles ánimo a los suyos.

Yo, en mi pueblo, sigo trabajando en la oficina, y de vez en cuando hago el servicio que me toca en la Sección Móvil.

En este mes fue movilizada la quinta del 1937, y me quedo yo en puertas, esperando que muy pronto llamen también la de 1938, a la que pertenezco.

ABRIL DE 1937

7 de abril. Concluyó la primera fase de la ofensiva nacional en el Norte. El Presidente vasco Aguirre llamó por radio a la resistencia.

9 de abril. El general republicano Miaja contraatacó en el Centro para intentar desarticular la ofensiva que producía en el Norte.

16 de abril. Franco decidió la unificación de los carlistas y los falangistas. Los primeros aceptaron la fusión, convencidos por el conde de Rodezno. Pero, en Falange, la situación era más confusa. Agustín Aznar, Sancho Dávila y Rafael Garcerán expulsaron a Manuel Hedilla de su despacho.

18 de abril. El Consejo Nacional de Falange nombró a Hedilla jefe nacional.

19 de abril. Se publicó el decreto de unificación de falangistas y carlistas: nació la Falange Española Tradicionalista y de las JONS, cuya jefatura asumió Franco.

24 de abril. Se reanudó la ofensiva nacional en el Norte. Se hizo oficial el saludo brazo en alto. Manuel Hedilla renunció a su puesto en la Junta Política recién creada por Franco.

25 de abril. El jefe falangista Hedilla fue detenido.

26 de abril. La Legión Cóndor bombardeó los pueblos Guernica y Durango.

29 de abril. La 4ª Brigada navarra entró en Guernica.

Con las operaciones realizadas en este mes, más de la mitad del territorio de España queda ya en poder de las tropas nacionales. Ya nadie duda que el triunfo será del generalísimo Franco. Pero aún queda lo peor que pasar, pues se pelea con toda clase de armas de guerra modernísimas. Ya no es como al principio, que la guerra parecía cosa de un paseo militar. Todo el terreno que ahora se conquista queda regado por la sangre de los valientes soldaditos de Franco. ¡Arriba España! ¡Viva el Ejército Nacional!

MAYO DE 1937

3 de mayo. Una delegación de la Generalitat fue a visitar la Telefónica de Barcelona, dado que el Comité de Censura de CNT interfería en todo tipo de llamadas oficiales. Se desató allí un tiroteo.

4 de mayo. En Barcelona, se declaró la huelga general y hubo enfrentamientos a tiros entre facciones. El POUM luchó junto a la CNT contra republicanos y comunistas.

8 de mayo. En el Norte, proseguía con fuerza el avance del Ejército Nacional.

13 de mayo. Los comunistas pidieron en el Gobierno el castigo para el POUM, a lo que se opuso Largo Caballero, Presidente del Consejo.

15 de mayo. Al fracasar el intento de formar un Gobierno de socialistas y anarquistas, que fue boicoteado por los comunistas, Largo Caballero se vio empujado a dimitir. Azaña ofreció el cargo a Juan Negrín, socialista partidario de la política comunista.

17 de mayo. Juan Negrín asumió la Presidencia del Consejo de Ministros.

29 de mayo. La aviación republicana bombardeó al acorazado alemán Deutschland, en Ibiza. En la zona nacional, se estableció la censura de prensa e imprenta.

30 de mayo. El Ejército Popular lanzó una ofensiva en Segovia, con el fin de descongestionar la tenaza nacional sobre Bilbao. En represalia por el ataque al Deutschland, el crucero alemán Admiral Scheer bombardeó Almería.

Por fin en este mes sale anunciado en el periódico que, para muy en breve, será movilizado el primer semestre de mi quinta. El día 17, llevaron a mi casa una hoja del Ayuntamiento, para que al siguiente día me presentara en el negociado de quintas. El día 18, fui filiado por la Alcaldía, tallado y vacunado. Transcurrió todo el resto del mes sin que diesen la orden de incorporación.

JUNIO DE 1937

1 de junio. El general Mariano Gamir Ulibarri tomó el mando del Ejército Popular en el País Vasco, en sustitución de Francisco Llano de la Encomienda.

3 de junio. El general Mola murió en accidente de aviación en Alcocero (Burgos). El general Fidel Dávila lo sustituyó en el mando del Ejército del Norte.

8 de junio. Se firmó la orden para el ataque republicano a Huesca, en otro intento de descongestionar el frente Norte.

13 de junio. Las tropas del general José Solchaga rompieron las defensas del cinturón de hierro de Bilbao.

16 de junio. El Ejército rojo lanzó un duro ataque contra Huesca. Se inició la represión contra el POUM, organizada directamente por la policía política soviética.

17 de junio. El Gobierno vasco abandonó Bilbao.

19 de junio. Las tropas nacionales entraron en Bilbao.

20 de junio. El dirigente del POUM Andreu Nin fue torturado y asesinado, al parecer en Alcalá de Henares, a manos de agentes rusos. Tras la caída de Bilbao, la desmoralización del ejército gudari (vasco) era total.

30 de junio. El ejército de Franco prosiguió su avance por el oeste de Vizcaya.

El día 5 de este mes, nos dijeron a todos los que componíamos la Sección Móvil que, en vista de que el frente estaba tan alejado del pueblo, que teníamos que marchar al frente de Alcolea (Córdoba), agregados a una bandera de falangistas.

El día 13, nos reunimos todos en el cuartel de Falange, en la calle Escuelas, y nos dicen que al día siguiente marchábamos para Córdoba.

Este fue para mí un día de despedidas de la familia. Por la noche, en casa de mi novia, fue cuando más triste me puse. Qué pena tener que abandonar a los seres tan queridos. Yo por mi parte no me daba cuidado, puesto que, como español, mi obligación era defender a España. Pero, sin embargo, la cara triste de mi madre y también de mi novia me hacían sentir un profundo dolor, al tener que abandonarlos. Mi novia me regaló, en esta noche, una cadenita de oro con una medallita de San José, al cual me encargó acudiera siempre en mis momentos de apuro. La alegría de nuestras conversaciones había desaparecido, a pesar de que disimulaba y no daba importancia a aquella separación, que, por ser la primera, sería muy dolorosa. Ya solo quedaban unas pocas horas, pero mi novia no podía disimular su tristeza. Por fin, nos despedimos.

Amaneció el día 14 de junio 1937, lunes. Nos reunimos todos en el Centro de Falange. Marchamos para la estación y en el tren, en unos vagones de carga, nos subimos. Arranca el tren, y con la vista fija en mi pueblo quedo hasta que por fin se perdió. Llegamos a Córdoba a las 9 de la mañana. Mi hermano me estaba esperando en la estación y se vino conmigo. Nos llevaron al cuartel de Falange. Nos pasaron lista y nos marchamos de paseo hasta las doce. Marché a pasear con mis primos Rafael Panadero y Antonio Morales, y con mi hermano (mis primos también venían conmigo en la expedición). A las 3 de la tarde, nos pasó reconocimiento en el cuartel el médico. Cené en el cuartel y escribí a mis padres. Después me fui al Regimiento de Artillería Pesada n° 1, y dormí allí con mi hermano.

Día 15 de junio 1937, martes. Amanece y muy temprano me levanto y me pongo a escribirle a mi novia. Tomé el desayuno con mi hermano. Fui por el cuartel de Falange a las horas que me señalaron, y nos dijeron que al día siguiente salíamos para el frente de Alcolea. Me pelé al cero y me dejé un bigote que apenas si se notaba con la barba rubia. Me retraté en los jardines con mis paisanos.

Día 16 de junio 1937, miércoles. A las 2 de la tarde, en tren, salimos para Alcolea, llegando a las 3. Me fui a bañarme al río Guadalquivir. Después escribí, en una taberna, a mi casa y a mi novia. Y dentro de la carta de mis padres, les mandé el retrato que me hice en Córdoba.

Hicimos instrucción a las 6 y media, al lado del puente de Alcolea.

Días 17, 18, 19 y 20 de junio 1937, de jueves a domingo. Hago instrucción y servicio por de día y por las noches, en ciertos puntos estratégicos, por donde los rojos suelen infiltrarse para volar puentes y poner petardos en la vía. El día 19 (sábado), estando yo de puesto en la posición denominada «El Montón de Tierra», por la noche, uno de los rojos que se infiltró mató a uno de los nuestros, que estaba en el puesto próximo al mío. Los sitios en que prestábamos servicio de guardia durante la noche eran el puente de Alcolea, los puentes de la vía férrea y su recorrido, y en una alameda de chopos por donde acostumbraban a infiltrarse.

El día 20, recibí la primera carta de mi novia, desde que me vine de mi pueblo. Me la entregó mi primo Antonio Morales, cuando regresé al pueblo de hacer guardia, causándome alegría.

Día 21 de junio 1937, lunes. Escribo a mi novia. Hago instrucción de pie a tierra, con fusil, y desplegando en guerrilla. Todavía no me han dado el uniforme y estoy con la misma ropa que salí de mi casa. Vamos por paja, con colchonetas, a un almiar que está a dos kilómetros y medio de Alcolea.

Día 22 de junio 1937, martes. En el periódico salió la orden de incorporación de mi quinta. Fui a hablar con el capitán de mi centuria, para que me autorizara para marchar a incorporarme a la Caja de Recluta; pero me dijo que volviese a hablar al día siguiente, porque tenía que consultarlo a Córdoba.

Día 23 de junio 1937, miércoles. Vuelvo a pedir permiso para marcharme al capitán, y me lo niega. Yo sentía grandes deseos de incorporarme el Ejército, al cuerpo que por mi suerte me tocara. Y como para el 25 estaba ordenado el ingreso en Caja, decidí macharme sin autorización, ya que con eso no cometía ningún delito, puesto que yo en Falange estaba voluntario, y no me podían impedir mi ingreso en el Ejército. En efecto, arreglé mi talega de la ropa y, en unión de otro paisano también de mi quinta, nos pusimos en camino. Tuvimos que ir andando hasta Córdoba (unos 10 kilómetros) y, al llegar a la capital, íbamos rendidos. Fui al cuartel de artillería y estuve hablando con mi hermano un rato. Después, con mi compañero, me fui al puente de San Rafael y cogimos un camión que nos llevó hasta Fernán Núñez. Y desde este pueblo hasta Montemayor fuimos andando. En Montemayor cogimos otro camión, que nos trajo hasta el empalme de la carretera de nuestro pueblo. Llegué a mi casa casi anocheciendo. No se me olvidará la caminata de andar que me di este día. En mi casa se disgustaron mucho, al ver de la manera que me había venido, pero yo sabía que nada me podía pasar. De seguida que me cambié de ropa, fui a ver a mi novia.

Día 24 de junio 1937, jueves. Lo pasé alegremente entre mis padres. Le pedí al teniente de la Guardia Civil retirado, don Rafael Sotelo, jefe de la Sección Móvil, un certificado de mis servicios prestados en la misma, el cual me lo dio y obra en mi poder.

Día 25 de junio 1937, viernes. A las 7 de la mañana, salí en un coche para Lucena, donde hice mi presentación en la Caja de Recluta. Nos tallaron y reconocieron y, no teniendo nada que alegar, me dieron útil para todo servicio militar. Nos dijeron que el día 30 volviéramos otra vez por la zona. Y en vista de ello, regresé por la noche a mi casa.

Hasta el día 30, permanecí en mi pueblo. Y el 30 por la mañana, fui otra vez a Lucena. A las 9 y media llegué a la zona y allí estuve hasta las 4 de la tarde, sin poder salir. A esta hora nos dijeron que nos marchásemos y volviéramos a las 5 y media. Y a esta hora nos pagaron a todos el socorro de marcha. Dormí esta noche en una fonda, con mi primo Rafael Panadero.

JULIO DE 1937

1 de julio. Se hizo pública la carta colectiva de los obispos españoles en la que analizaban el conflicto bélico, a la vez que se declaraban a favor del Movimiento Nacional.

6 de julio. El Ejército Popular inició la ofensiva de Brunete, al oeste de Madrid, en un intento de aliviar el frente del Norte con una estrategia de diversión. El general comunista Enrique Líster tomó el pueblo a las 7 de la mañana.

9 de julio. El teniente coronel comunista Valentín González, apodado «El Campesino», tomó Quijorna.

11 de julio. En lo que iba a ser el último avance del Ejército Popular en esta batalla, las tropas del general Miaja conquistaron Villanueva del Pardillo (Madrid).

12 de julio. Se firmó un acuerdo económico entre la España nacional y Alemania.

14 de julio. El ministro socialista Indalecio Prieto ordenó a las tropas del Frente Popular pasar a la defensiva en Brunete.

19 de julio. Los nacionales emprendieron la contraofensiva en Brunete. La Legión Cóndor alemana bombardeó Villanueva de la Cañada. Hubo muchas bajas por ambos lados, pero la batalla seguía sin decidirse.

25 de julio. El Ejército Nacional ocupó definitivamente el pueblo de Brunete, con lo que terminó la batalla.

Día 1 de julio 1937, jueves. Fuimos sorteados, tocándome a mí artillería. Me dijeron que, a las 7 de la mañana del siguiente día, tenía que estar en la zona, para marchar a la estación a coger un tren que nos llevaría a Sevilla. Puse a mis padres una conferencia, participándoles que me había tocado a artillería, al Regimiento de Sevilla. A mi novia le escribí una carta. Cené y me acosté en la fonda. Esta noche tuve un cólico con mucho dolor de vientre.

Día 2 de julio 1937, viernes. A las 8 de la mañana, salimos de Lucena en tren, llegando a Sevilla a las 6 de la tarde. De seguida fuimos al Regimiento de Artillería Ligera nº 3, quedando ingresado este día en filas, como artillero 2º, destinado a la 6ª Batería, en donde se me dio lectura de las leyes penales, con arreglo a la ordenanza. Está hecho cargo de esta batería el teniente don Juan García León. Fui tallado, alcanzando la de 1 metro 679 milímetros, y reconocido por el médico del regimiento, resultando útil para el servicio de las armas.

Día 3 de julio 1937, sábado. Escribí a mis padres.

Día 4 de julio 1937, domingo. Estuve oyendo misa en la catedral. Fui con mi paisano Miguel Alcaide Gallardo a casa de una prima suya, que vive en el barrio de Triana, y nos convidó a almorzar.

Día 5 de julio 1937, lunes. Me retrato en los jardines de Murillo y le mando una foto a mi novia. Me dieron en el cuartel un pantalón caqui, dos camisas blancas, dos pares de calzoncillos blancos, dos pañuelos, un par de botas, una toalla y una camisa caqui. Empezamos a hacer instrucción. Escribo a mi novia.

Día 6 de julio 1937, martes. Escribo a mi hermano.

Día 7 de julio 1937, miércoles. Sin nada de particular.

Día 8 de julio 1937, jueves. Escribo a mi casa y les mando una foto mía. Y yo recibo una carta de ellos. Seguimos diariamente haciendo instrucción de paso, por las mañanas, y de teórica y cañón por las tardes.

Día 9 de julio 1937, viernes. Recibo carta de mis padres y les contesto. Mandé un paquete por ferrocarril a mi casa, con el traje de paisano, los zapatos bajos y dos camisas blancas. Compré una maleta por nueve pesetas.

Día 10 de julio 1937, sábado. Recibí carta de mi novia y le contesté. También recibí carta de mi hermano. Me vacunaron en el brazo derecho. Este día no tenemos instrucción.

Día 11 de julio 1937, domingo. Marcho a misa y oigo misa en la catedral.

Día 12 de julio 1937, lunes. Escribo a mi hermano. Me baño en la piscina del cuartel. Voy a Sevilla y me encuentro con mi paisano Alfonso García Martín, en el parque de María Luisa. También escribo a mi tío Miguel Polonio y recibo carta de mi casa.

Día 13 de julio 1937, martes. Escribí a mis padres. Voy a Sevilla a hacer unas compras y me encuentro en la calle Sierpes a mi primo Rafalito Panadero, que, desde que llegamos juntos a Sevilla, el día 2, no lo había visto. Con él voy a la calle Fortaleza, número 13, y me encuentro allí sin esperarlo con el paisano Herrador, que me traía un paquete de mi casa, con un correaje, unos pantalones briches y cosas de comer.

Día 14 de julio 1937, miércoles. Seguimos con el plan de instrucción, en el que vamos muy adelantados.

Día 15 de julio 1937, jueves. Recibo carta de mi novia y le contesto.

Día 16 de julio 1937, viernes. Escribo a mis padres y les mando por ferrocarril G. V. un paquete con unos pantalones de paisano, una servilleta y unos pantalones caqui, para que me los arreglen.

Día 17 de julio 1937, sábado. Recibo carta de mi hermano y le contesto. Hacen unos días terribles de calor, y con la instrucción se suda la gota gorda. El coronel del regimiento se llama don Santos Rodríguez Cerezo, y el comandante mayor, don Miguel Martín de Oliva y Enjuto.

Día 18 de julio 1937, domingo. De mi casa le mandan a la prima de mi paisano Miguel Alcaide una garrafa de vino, por lo bien que se portan conmigo, cuando voy por su casa. Recibo carta de mi casa y les contesto. Hoy es la fiesta del primer aniversario del Movimiento Nacional. A las 9 de la mañana, la fuerza del regimiento formados oímos misa en el patio del cuartel. Tenemos rancho extraordinario. Hubo en Sevilla un magnífico desfile. Nos dieron a cada artillero una peseta.

Día 19 de julio 1937, lunes. Nada de particular.

Día 20 de julio 1937, martes. A todos los de la sexta batería nos llevaron a ver el cine al barrio Heliópolis. Echaron *Hacia la nueva España*.

Día 21 de julio 1937, miércoles. Nos pusieron la primera inyección antitífica en la espalda. Por este motivo no hicimos instrucción.

Día 22 de julio 1937, jueves. Seguimos rebajados de instrucción por efecto de la inyección.

Día 23 de julio 1937, viernes. Recibí carta de mi hermano y le contesté. Por la tarde estuve con mi primo Panadero y tres paisanos más en la piscina del barrio Triana, que le dicen «La Playa». Me hice una foto con mis paisanos, todos con el bañador puesto, y otra yo solo. En este día empezamos a hacer la instrucción con el mosquetón. De instrucción de cañón estamos muy adelantados. También recibo una carta de mi casa.

Día 24 de julio 1937, sábado. Escribo a mi casa y les mando la fotografía que me hice en la piscina de Triana.

Día 25 de julio 1937, domingo. Voy a misa a la catedral y me estoy todo el día por Sevilla. Me hice unas fotos. Recibo carta de mi novia.

Día 26 de julio 1937, lunes. Le escribo a mi novia. Nos habla el capellán del cuartel en la teórica, sobre lo que significa «Patria», «disciplina» y «moral».

Día 27 de julio 1937, martes. Recibo carta de mi hermano y le contesto, mandándole una foto mía. Voy a Sevilla a casa del capitán Gómez Salas, calle Eduardo Dato, nº 5, y lo estuve saludando (este capitán es de mi pueblo). Seguimos con la instrucción. En las piezas, yo tengo el puesto de proveedor. Recibo un paquete de mi casa con unos pantalones arreglados.

Día 28 de julio 1937, miércoles. Me pusieron la segunda inyección antitífica, y por lo tanto no hicimos instrucción.

Día 29 de julio 1937, jueves. Recibo carta de mis padres y les contesto, mandándoles una foto. No hacemos tampoco instrucción, por efecto de la inyección. Hoy llegan al cuartel 300 quintos del 2° semestre del 1938 (de mi quinta).

Día 30 de julio 1937, viernes. Recibo carta de mi novia y le contesto mandándole una foto mía. Hoy seguimos con la instrucción.

Día 31 de julio 1937, sábado. Vamos a hacer ejercicios de tiro al blanco, después de la instrucción. Recibo carta de mi novia.

AGOSTO DE 1937

2 de agosto. El depuesto jefe falangista Hedilla fue internado en la cárcel de Las Palmas, donde pasaría cuatro años.

9 de agosto. Por decreto de Indalecio Prieto, se organizó el SIM, sistema de información militar.

10 de agosto. Prieto firmó el decreto de disolución del Consejo de Aragón.

14 de agosto. Las Brigadas de Navarra atacaron por Reinosa (Santander), y el Cuerpo de Tropas Voluntarias italiano por el puerto del Escudo, conquistando ambos objetivos. En Valencia, el Gobierno prohibió las críticas a la URSS en la prensa anarquista y trotskista.

22 de agosto. Los nacionales avanzaron hacia Santander. Prieto pidió a Gamir Ulibarri que resistiera tres días, para poder lanzar una ofensiva sobre Belchite (Zaragoza).

23 de agosto. El Ejército republicano acometió la batalla de Belchite. En el frente del Norte, los nacionales prosiguieron su avance por Santander. Empezó la evacuación de esta ciudad.

24 de agosto. Las tropas del Ejército Popular atacaron Quinto y ocuparon Codo, en Aragón. En Santander, la posición republicana era desesperada.

26 de agosto. Prosiguieron los ataques de los rojos en la zona de Belchite. Los nacionales entraron en Santander.

Día 1 de agosto 1937, domingo. Le escribo a mi novia. Recibo carta de mi primo Rafael Morales y de mi amigo Santiago Repiso.

Día 2 de agosto 1937, lunes. Recibo carta de mi casa. Ya tenemos la instrucción aprendida y todos los movimientos salen perfectamente. Escribo a mi tío Miguel Polonio.

Día 3 de agosto 1937, martes. Escribo a mi casa y les mando la foto que me hice yo solo en la piscina con el bañador. Recibo carta de mi novia. También recibo carta de mi hermano y le contesto.

Días 4, 5 y 6 de agosto 1937, de miércoles a viernes. Lo mismo que de costumbre. El día 5, me mandó llamar el capitán Gómez Salas a su casa, y me entregó una carta y un paquete que me traía de mi casa, pues había estado en Montilla. En el paquete venían 25 pesetas, chorizo, jamón, carne membrillo, chocolate, galletas, botones y un peine.

Día 7 de agosto 1937, sábado. Recibo carta de mis padres y les contesto. Vamos también al tiro al blanco con el mosquetón.

Día 8 de agosto 1937, domingo. Voy a Sevilla y oigo misa en la catedral. Estuve con mi primo Panadero, viendo la Fábrica de Artillería.

Día 9 de agosto 1937, lunes. Recibo carta de mi novia y le contesto. A las 10 de la mañana y en el patio del Regimiento, juré bandera con todos los del primer semestre de mi quinta. El señor coronel nos echó una arenga, resultando un acto solemnísimo.

Día 10 de agosto 1937, martes. He cogido un catarro al pecho que me duele un poco. Voy al botiquín del cuartel y me rebajan de servicio.

Día 11 de agosto 1937, miércoles. Tengo un poco de fiebre. Me da el médico unos comprimidos y me acuesto.

Día 12 de agosto 1937, jueves. Estoy un poquito mejor. Los labios los tengo llenos de pupas efecto de la fiebre.

Día 13 de agosto 1937, viernes. El catarro va desapareciendo y me encuentro casi bien. Recibo carta de mi casa y les contesto. Nos dicen en la batería que los que supieran bien leer y escribir que salieran un paso al frente. Yo salgo y me nombran de artificiero. También recibo carta de mi novia.

Día 14 de agosto 1937, sábado. Le escribo a mi novia. Sigo haciendo prácticas de artificiero, en lo que voy muy adelantado. La instrucción de pie a tierra ya hemos dejado de hacerla.

Día 15 de agosto 1937, domingo. Sale la procesión de la Virgen de los Reyes, a la cual acompañan el obispo de Sevilla y el general Queipo de Llano. Por la mañana voy a misa a la catedral. Se marcha mi paisano Miguel Alcaide al frente.

Día 16 de agosto 1937, lunes. Sin nada de particular.

Día 17 de agosto 1937, martes. Recibo carta de mi casa, y en ella un retrato de mis padres, a la cual contesto y les mando una fotografía mía. Por la mañana voy al botiquín a que me den unos comprimidos para la tos, y me dijo el alférez médico que si quería entrar de ayudante de botiquín. Le digo que sí y, desde hoy, empiezo a ir al botiquín. Por este motivo me rebajan de los demás servicios. Voy al cuartel de mi primo Rafael Panadero y me dicen que ha salido para el frente.

Día 18 de agosto 1937, miércoles. Sigo de ayudante de botiquín. Esta es una vida muy tranquila.

Día 19 de agosto 1937, jueves. Recibo carta de mi novia, de mi primo Rafael Morales y de mi amigo Raimundo Ortiz. Le escribo a mi novia y le mando una foto mía. Estoy de servicio de guardia en el botiquín.

Día 20 de agosto 1937, viernes. Me entero de que se va a formar un grupo de baterías que saldrá para el frente del Norte, y me apunto voluntario para salir con la plana mayor del comandante don Manuel Pérez de Guzmán y Sanjuán, que es el jefe de dicho grupo.

Día 21 de agosto 1937, sábado. Hoy empiezo en el botiquín a poner inyecciones. Recibo carta de mis padres y les contesto, mandándoles una foto mía.

Día 22 de agosto 1937, domingo. Sin nada nuevo. Estoy esperando marcharme en la plana mayor.

Día 23 de agosto 1937, lunes. Mando a mi casa por correo un paquete con unos pantalones briches, para que por ésos me hagan otros. Escribo a mis padres y a mi amigo Santiago Repiso, y recibo una carta de mi hermano.

Día 24 de agosto 1937, martes. Me llama el alférez ayudante del grupo donde voy a salir, don José María Onrubia, para conocerme, y me pregunta que si sé escribir a máquina. Yo le digo que sí.

Día 25 de agosto 1937, miércoles. Recibo carta de mi casa y de mi novia, y le contesto a esta última, mandándole otra foto mía. En este día, nuestro glorioso Ejército reconquista la capital de Santander. ¡Arriba España! ¡Viva Franco!

Día 26 de agosto 1937, jueves. Escribo a mis padres. Recibo un paquete de mi casa, con cosas de comer. Fui a teléfonos y hablé con mi madre, quedando de acuerdo con ella que el día 28 vendría a verme.

Día 27 de agosto 1937, viernes. No hay nada nuevo. Pido permiso al teniente García León, de mi batería, y al alférez del botiquín, para mañana ir a esperar a mi madre a la estación.

Día 28 de agosto 1937, sábado. Fui a la estación y, a la llegada del tren, con gran alegría pude abrazar a mi madre. Fuimos a una fonda, donde dejamos el equipaje que traía, y me marcho con ella de paseo a enseñarle Sevilla. Por la noche, dormimos en la fonda. Mi madre me entrega una bolsita para las medallas, que me ha hecho mi novia.

En Sevilla, visita de su madre, Inés.

Día 29 de agosto 1937, domingo. Todo el día lo pasé muy contento con mi madre. La traje a mi cuartel para que lo viera. Por la noche me despedí de ella. Yo me vine al cuartel y mi madre se quedó a dormir en casa de la prima de mi paisano Alcaide, en Triana.

Día 30 de agosto 1937, lunes. Por la mañana se marchó mi madre para mi pueblo. Yo no pude ir a despedirla a la estación, pero la familia de Triana la acompañó hasta que arrancó el tren.

Día 31 de agosto 1937, martes. Escribo a mi novia. Desde hoy dejo de pertenecer al botiquín, debido a que, como dentro de unos días saldré con el grupo, han puesto a otro en mi lugar, y yo paso a la plana mayor del Regimiento mientras tanto.

SEPTIEMBRE DE 1937

4 de septiembre. Después de la toma de Santander, los nacionales iniciaron la penetración en Asturias. Mientras, proseguían los combates en Aragón.

6 de septiembre. Las tropas del Frente Popular tomaron finalmente Belchite.

13 de septiembre. Los nacionales seguían avanzando por Asturias. En Ginebra, Juan Negrín presidió la Asamblea de la Sociedad de Naciones.

20 de septiembre. Los destacamentos al mando del general Antonio Aranda ocuparon el puerto de Pajares (Asturias).

Día 1 de septiembre 1937, miércoles. Sin novedad. Recibo carta de mis padres.

Día 2 de septiembre 1937, jueves. Escribo a mis padres. Sigo en espera de salir con el grupo para el Norte.

Día 3 de septiembre 1937, viernes. Sin novedad. Recibo una camisa caqui de mi casa.

Teresa, su novia, en 1937.

Día 4 de septiembre 1937, sábado. Recibo carta de mi novia y le contesto. Se forma el grupo de baterías 29ª y 33ª, con su plana mayor, a la que pertenezco yo. Toma el nombre de Primer Grupo de Artillería Legionaria del [Regimiento] 3º Ligero. El jefe, oficiales y suboficiales son: comandante, don Manuel Pérez de Guzmán y Sanjuán (Marqués de Morbet); alférez ayudante, don José María Onrubia Rivas; alférez capellán, don José María Vendrell; brigada, don José Luis Marimón; sargentos, don Bartolomé Alfonso, don Martín Calero y Ferrater, todos pertenecientes a la plana mayor del grupo. Nos dicen que mañana saldremos hacia Valladolid. No nos dejan salir del cuartel. Juran bandera los quintos del 2º semestre de mi quinta (1938).

Día 5 de septiembre 1937, domingo. Salgo de Sevilla. Se rumorea que vamos al frente de Asturias. Durante el viaje, un avión vuela por encima del tren, dándonos al principio un gran susto, pues creímos era rojo y venía a bombardear el convoy.

Día 6 de septiembre 1937, lunes. Continuamos el viaje sin novedad. Atravesamos las provincias pasando por las capitales de Sevilla, Badajoz, Cáceres, Salamanca y Valladolid.

Día 7 de septiembre 1937, martes. A las 2 de la madrugada, llegamos a Venta de Baños (Palencia) y recibimos orden de quedarnos allí. Escribo a mis padres y a mi novia. Nos alojamos en una escuela. También mando un telegrama a mi casa.

Día 8 de septiembre 1937, miércoles. Nos entregan una manta, un capote, una cazadora, una cantimplora, un jersey, dos pares de calcetines, un macuto, un plato y un vaso de aluminio, unas alpargatas y una guerrera. Llega al pueblo un grupo de baterías del 1º Pesado de Córdoba. En ellas vienen diez o doce paisanos míos con los que tengo el gusto de saludarme. Estoy desempeñando en la plana mayor el cargo de mecanógrafo. Escribo a mi hermano y a mi primo Rafael Morales.

Día 9 de septiembre 1937, jueves. Recibimos los cañones del 75/27 para hacer instrucción.

Día 10 de septiembre 1937, viernes. Salgo, en unión de otros más, de Venta de Baños, a las 8 de la mañana, para Valladolid, adonde vamos a hacer unos cursillos de telefonistas, centralinistas y radiotelegrafistas. Al llegar a dicha capital, escribo a mis padres, y a Venta de Baños, a un chico de la plana mayor, mandándole mis señas para que me remitan la correspondencia. Del grupo del 1º Pesado viene, con la expedición que acabamos de llegar a Valladolid, mi paisano Antonio Muñoz Márquez. Mis nuevas señas son: Cuartel de Sanidad Militar, Escuela de Radiotelegrafía y Fonía.

Día 11 de septiembre 1937, sábado. Escribo a mi novia. Aún no hemos empezado los cursos, pero nos clasifican. A mí me destinan para hacer los de centralinista.

Día 12 de septiembre 1937, domingo. Por la mañana voy a misa, confieso y comulgo. Por la tarde, paseo con mi paisano Antonio Muñoz.

Día 13 de septiembre 1937, lunes. Comenzamos los cursillos. La Academia está en un local muy bonito. Los profesores son italianos. Hasta el 20 sigo sin novedad, yendo diariamente a la Academia. El cuartel donde dormimos lo tenemos en la plaza de Zorrilla, Cuartel Sanidad Militar.

Día 19 de septiembre 1937, domingo. Recibo carta de mi novia. Compro una maleta.

Día 20 de septiembre 1937, lunes. Recibo carta de mi primo Rafael Morales, y otra de mi novia, a los cuáles contesto.

Día 21 de septiembre 1937, martes. Recibo dos cartas de mis padres. De la Academia salimos al campo a hacer prácticas de nudos de comunicaciones telefónicas, con los teléfonos, centrales y el hilo telefónico

Día 22 de septiembre 1937, miércoles. Contesto a las cartas de mis padres. Por la mañana, en vez de ir a la Academia, nos llevan a un campo de tiro que está a cinco kilómetros de Valladolid, donde hacemos prácticas, tirando bombas de mano italianas. A un soldado italiano le explota una bomba a tres metros, produciéndole la explosión sangre en los oídos. Tuvo que ser evacuado al hospital.

Día 23 de septiembre 1937, jueves. Como de ordinario, voy a la Academia. Recibo carta de mis padres y les contesto.

Día 24 de septiembre 1937, viernes. Escribo a mi novia. Hacemos prácticas en el campo con los teléfonos y centrales. Estamos aprendiendo también la instrucción italiana.

Día 25 y 26 de septiembre 1937, sábado y domingo. Sin novedad. Academia como todos los días.

Día 27 de septiembre 1937, lunes. Escribo a mis padres. Voy al cine por la noche con mi paisano Antonio Muñoz.

Día 28 de septiembre 1937, martes. Escribo a mi novia. Recibo carta de mis padres, de mi hermano, de mi primo Rafael Morales y de mi amigo Raimundo Ortiz. Ya tenemos los cursillos casi terminados.

Día 29 de septiembre 1937, miércoles. Desde el día 9 hasta hoy, las baterías y la plana del grupo han estado en Venta de Baños, haciendo mucha instrucción con las piezas. Dicho pueblo apenas tiene importancia; es pequeño y casi todas sus construcciones son de unos adobes formados de barro y paja. Además es pobre en agricultura, como casi toda la provincia; pero tiene una estación de ferrocarril que es uno de los más importantes nudos de comunicaciones de España. Suelen ir de maniobras a los pueblos de Dueñas, Calabazanos, Tariego de Cerrato, Baños (en este último existe una de las primeras iglesias que se construyeron en España, en la época de Leovigildo). En este día, el grupo, al amanecer, van en camiones a Cabezón de la Sal (Valladolid), al tiro con los cañones. El mando los felicita. Yo continúo en Valladolid, en espera de terminar de un día a otro el cursillo.

Día 30 de septiembre 1937, jueves. Nos examinamos en la Academia. Yo quedo aprobado para centralista. Queda terminado el cursillo.

OCTUBRE DE 1937

---

1 de octubre. Los nacionales ocuparon Covadonga. En Valencia, se celebró una sesión extraordinaria de las Cortes republicanas, solo con diputados de izquierdas.

7 de octubre. En zona nacional, se creó el Servicio Social obligatorio para las mujeres.

12 de octubre. El Congreso del PCE acordó el apoyo total al Gobierno de Negrín.

17 de octubre. La 4ª Brigada navarra cruzó el río Sella. El Consejo Soberano de Asturias, presidido por Belarmino Tomás, decidió la evacuación del territorio.

21 de octubre. Las tropas nacionales entraron en Gijón y en Avilés. La campaña del Norte había terminado.

31 de octubre. El Gobierno de la República se trasladó de Valencia a Barcelona.

Día 1 de octubre 1937, viernes. Vamos a la Academia. Nos extienden a cada uno de los que hemos salido aprobados un certificado de haber terminado el cursillo con aprovechamiento, y nos hacen varias fotografías a todos los cursillistas. Escribo a mis padres y les mando una de las fotografías que nos han sacado. Me hago unas fotos en una de las casas fotográficas de la calle Santiago. Nos dicen nos preparemos para marchar mañana a Venta de Baños.

Día 2 de octubre 1937, sábado. Amanece el día lloviendo. Tomamos el desayuno a las 6 de la mañana, y a las 7 emprendemos la marcha hacia la estación. Sigue lloviendo y me pongo calado el capote. Tomamos el tren y, a las 9 de la mañana, llegamos a Venta de Baños. Siento gran alegría al verme de nuevo entre mis compañeros de la plana mayor. Recibo carta de mis padres, de mi primo Rafael Morales, de mi novia y contesto a esta última. En la carta de mis padres recibo una fotografía con mi novia y mi hermana Inés. Llueve torrencialmente y se empieza a sentir un frío muy desagradable.

Día 3 de octubre 1937, domingo. Por la mañana, vamos a hacer instrucción con los cañones. Y por la tarde, de pie a tierra.

Día 4 de octubre 1937, lunes. Llueve y no podemos hacer instrucción. Escribo a mi hermano.

Día 5 de octubre 1937, martes. Escribo a mis padres. Hacemos instrucción.

Día 6 de octubre 1937, miércoles. Escribo a mi novia. Empezamos a aprender el alfabeto Morse para comunicar por banderas. Por la mañana vamos a la instrucción de cañón, por la tarde llueve.

Día 7 y 8 de octubre 1937, jueves y viernes. Instrucción de pie a tierra y cañón. Sin más novedad.

El autor, en octubre de 1937.

Día 9 de octubre 1937, sábado. Recibo carta de mi hermano. Escribo a mis padres. Hoy empezamos a transmitir todos los de la plana mayor con banderas, para lo cual vamos al campo por la mañana, de 7 a 10 y media; y por la tarde, de 3 a 5 y media. También hacemos prácticas de llevar partes por jalones. Algunos días, trabajo a ratos en la oficina de la plana mayor.

Día 10 de octubre 1937, domingo. Voy a misa a la iglesia del pueblo, confieso y comulgo. Después de misa, trabajo en la oficina hasta las 11. Escribo a mi novia. No tenemos instrucción.

Día 11 y 12 de octubre 1937, lunes y martes. Sin nada de particular. Mucho frío.

Día 13 de octubre 1937, miércoles. Recibo carta de mis padres y les contesto. Se marcha del pueblo el grupo del 1º Pesado de Córdoba, y con él mis paisanos, entre ellos Antonio Muñoz Márquez; otro grupo de Medina del Campo y otro de San Sebastián. Ya solo quedamos en el pueblo de Venta de Baños el grupo de Sevilla y una batería de Córdoba del 1º Pesado (la 7ª), que queda agregada a nuestro grupo. En esa batería tengo dos paisanos. Entro al cine y veo la película *Los claveles*.

Día 14 de octubre 1937, jueves. Recibo carta de mi novia y le contesto. Llueve y no hacemos instrucción. También recibo carta de mis padres y de mi primo Rafael Morales.

Día 15 de octubre 1937, viernes. Es el día de mi novia, de muchos recuerdos para mí, al pensar en el pasado año, que estaba junto a ella. Recibo un paquete de mi casa y 50 pesetas, y les mando una tarjeta postal a mis padres.

Día 16 de octubre 1937, sábado. Vamos al campo a transmitir con las banderas. Hoy nos alejamos más que de costumbre. Vamos por la orilla del río Pisuerga y contemplamos un panorama muy bonito. Llegamos al pueblo de Tariego de Cerrato, y en lo alto de las montañas que lo rodean nos subimos, y desde unas a otras transmitimos partes con banderas. Este pueblo está situado en la falda de un monte y casi todas sus casas están hechas debajo de tierra, a estilo de cuevas. Es pequeño y feo. A pesar de ello, tiene una iglesia mejor que la de Venta de Baños.

Día 17 de octubre 1937, domingo. Voy a la iglesia a misa, confieso y comulgo. Recibo carta de mi novia y de mi hermano. No tenemos instrucción.

Día 18 de octubre 1937, lunes. Recibo carta de mi novia y le contesto. Vamos a hacer instrucción de transmisiones a los montes que rodean el pueblo de Tariego.

Día 19 y 20 de octubre 1937, martes y miércoles. Instrucción de banderas en el mismo sitio.

Día 21 de octubre 1937, jueves. Escribo a mis padres. Vamos a instrucción y, al lado de un canal de agua, me hago una foto con una cámara Kodak.

Día 22 de octubre 1937, viernes. Por la mañana, instrucción de banderas. A las 6 de la tarde, marcho con 8 días de permiso. Llego a mi pueblo el día 24 y estoy hasta el 28, que salgo de nuevo con dirección a Venta de Baños, a la que llego el día 30, a las 2 de la tarde, efectuando felizmente el viaje. Mi novia me regaló, antes de venirme, un jersey.

Día 30 de octubre 1937, sábado. Acabo de incorporarme a mi grupo y de seguida le escribo a mi novia. Me encuentro con dos cartas de mi casa, una de mi novia y otra de mi amigo Antonio Muñoz Márquez.

Día 31 de octubre 1937, domingo. Escribo a mis padres. Oigo misa, confesando y comulgando. Llueve y hace mucho frío. Entro al cine y veo la película *La Calandria*. Durante todo el mes, vemos pasar por la estación muchos prisioneros y tanques cogidos al enemigo.

NOVIEMBRE DE 1937

2 de noviembre. El Gobierno vasco se trasladó a Barcelona.
11 de noviembre. La España nacional y Gran Bretaña acordaron establecer relaciones comerciales.

Día 1 de noviembre 1937, lunes. Día de los Santos. Oigo misa en la iglesia del pueblo. Por la tarde, voy al cine y veo la película *El Gólgota*.

Día 2 de noviembre 1937, martes. Estando con cinco amigos de la plana en un bar, a un paso de la puerta, pasa por detrás mía un niño con una bomba de Lafitte. Al salir por la puerta, el niño tira la bomba a sus pies, produciéndose la explosión, que lo mata, y no tocándome a mí gracias a que se cerró la puerta. Pues explotó a tres metros de nosotros. Este día se recibió un telegrama del Generalísimo, felicitándonos por nuestro buen comportamiento en las instrucciones. Es el día de los Difuntos: oigo tres misas.

Día 3 de noviembre 1937, miércoles. Escribo a mi novia. Hace un frío que pela.

Día 4 de noviembre 1937, jueves. Escribo a mis padres. Voy a las prácticas de instrucción de banderas y goniómetros de antena. También escribo a mi amigo Santiago Repiso.

Día 5 y 6 de noviembre 1937, viernes y sábado. Sin novedad. Instrucción como de costumbre.

Día 7 de noviembre 1937, domingo. Escribo a mi novia. Voy a misa. Por la tarde, al cine. Veo la película *Horror en el cuarto negro*. Recibo carta de mi hermano.

Día 8 de noviembre 1937, lunes. Con un paisano que va con permiso les mando a mis padres una carta. También escribo a mi hermano.

Día 9 y 10 de noviembre 1937, martes y miércoles. Sin nada de particular.

Día 11 de noviembre 1937, jueves. Recibo carta de mis padres y de mi novia, a la cual contesto. También escribo a mi amigo Raimundo Ortiz. Pido permiso y voy a Palencia a comprar unas cosas que necesito. Regreso por la noche.

Día 12 de noviembre 1937, viernes. Escribo a mis padres. Hace muchísimo frío. Paso muy mal día en la instrucción de banderas por este motivo.

Día 13 y 14 de noviembre 1937, sábado y domingo. Sin ningún particular.

Día 15 de noviembre 1937, lunes. Contesto a una carta de mi novia. Llueve mucho, por lo que no tenemos instrucción. Voy al cine a ver la película *Amor de madre*.

Día 16 de noviembre 1937, martes. Contesto a una carta de mi casa. Salimos al campo con las banderas. Pasamos mucho frío. Recibo las fotos que me hice en Valladolid en 1º de octubre.

Día 17 y 18 de noviembre 1937, miércoles y jueves. Sin nada nuevo.

Día 19 de noviembre 1937, viernes. Contesto a una carta de mi novia, y le mando una de mis fotos que he recibido de Valladolid. Voy a Palencia, a acompañar a un muchacho de la plana que va al hospital. Esta capital es muy bonita, pero no muy grande. Llueve durante todo el día.

Día 20 de noviembre 1937, sábado. Contesto a una carta de mis padres, que me trae un paisano que fue con permiso, juntamente con un paquete, y les mando una fotografía. También contesto a otra carta de mi hermano, otras de mi primo Rafael Morales y de mi amigo Raimundo Ortiz.

Día 21 y 22 de noviembre 1937, domingo y lunes. Sin novedad. Grandes fríos.

Día 23 de noviembre 1937, martes. Contesto a una carta de mi novia. Instrucción de banderas. Entro al cine y veo la película *Yo canto para ti*.

Día 24 de noviembre 1937, miércoles. Escribo a mis padres. Vamos a hacer instrucción de banderas. El comandante va por donde estamos y nos felicita por lo adelantados que estamos.

Día 25 y 26 de noviembre 1937, jueves y viernes. Nada de particular.

Día 27 de noviembre 1937, sábado. Escribo a mi hermano. Llega al grupo un capellán. Contesto a una carta de mi novia y recibo otra de mi primo Rafael Morales. Por la tarde, voy a rezar el rosario a la iglesia, que lo dirige el nuevo capellán.

Día 28 de noviembre 1937, domingo. Contesto a una carta de mis padres y les mando una foto que me he hecho de al minuto con un compañero. Voy a misa, confieso y comulgo. Por la mañana hace sol, pero por la tarde llueve torrencialmente. A todo el grupo nos convidan al cine y vemos una película italiana de la guerra de Abisinia.

Día 29 de noviembre 1937, lunes. Sin novedad. Voy a Palencia a comprar sobres y cartas, con permiso de mis jefes.

Día 30 de noviembre 1937, martes. Voy a Valladolid a asuntos de la plana mayor, regresando al anochecer. Contesto a una carta de mi novia. Nos preparamos para salir al día siguiente.

DICIEMBRE DE 1937

---

1 de diciembre. Japón reconoció al Gobierno de Burgos.

2 de diciembre. Raimundo Fernández Cuesta nombrado secretario general de Falange.

6 de diciembre. Uruguay reconoció al Gobierno de Burgos.

8 de diciembre. Los nacionales bombardearon Barcelona. Los republicanos, en represalia, bombardearon Palma de Mallorca.

15 de diciembre. Se inició el ataque republicano contra Teruel. El coronel Domingo Rey d'Harcourt dirigió la defensa de la ciudad. Franco ordenó enviar refuerzos.

18 de diciembre. En Teruel, en condiciones climáticas durísimas, continuó el avance del Ejército Popular, con la toma de La Muela de Teruel.

22 de diciembre. Dos divisiones del Frente Popular entraron en Teruel. Franco decidió suspender la ofensiva sobre Madrid y recuperar Teruel.

24 de diciembre. Las tropas del Ejército Nacional emprendieron el contraataque en Teruel. El intenso frío paralizó la lucha.

29 de diciembre. Continuó la ofensiva nacional sobre Teruel. La resistencia de los republicanos fue enconada, pero al final fueron desalojados de La Muela.

Día 1 de diciembre 1937, miércoles. A las 7 de la mañana, en un tren especial, salimos el grupo de Venta de Baños. Pasamos por Burgos a las 10 de la mañana. En Miranda de Ebro, nos bajamos y almorzamos a las 2 de la tarde. Continuamos el viaje. Se hace de noche. El tren para mucho, en casi todas las estaciones. En el camino recibimos una orden comunicando que nos quedemos en Irurzun (Pamplona).

Día 2 de diciembre 1937, jueves. Seguimos viajando. A las 5 de la mañana pasamos por Logroño. A las 6 y media, por Pamplona, y a las 7 llegamos a Irurzun (Pamplona). Nos dirigimos al pueblo, a un kilómetro de distancia (por cierto, que pasé un berrenchín con el equipaje, que pesaba una barbaridad). Nos recibieron muy bien. Escribo a mis padres y les mando una foto mía. Este pueblo está situado en un llano y alrededor de él hay unas montañas altísimas de piedra. Dos son iguales, que están cortadas verticalmente, y les llaman Las Dos Hermanas. Están cubiertas por la nieve y desde lo alto de ellas se ven los montes Pirineos. Es pequeño el pueblo, pero bastante bonito. Por él pasa la carretera de San Sebastián a Pamplona. Nos alojan en las casas. Llueve por la tarde.

Día 3 de diciembre 1937, viernes. Escribo a mi amigo Santiago Repiso. Está nevando desde que amaneció.

Día 4 de diciembre 1937, sábado. Día de Santa Bárbara, nuestra patrona de artillería. Oigo misa en la iglesia del pueblo, confieso y comulgo. Organizamos bailes y celebramos con júbilo la fiesta de nuestra patrona, dándonos un banquete las chicas del pueblo. Hace un frío que hiela los huesos. Todo está como una sábana de blanco de la nieve.

Día 5 de diciembre 1937, domingo. Recibo carta de mis padres, de mi hermano y de mi novia, contestando a esta última. Las calles están llenas de nieve, hace mucho frío. Recibimos las piezas del 75/27, pues las que teníamos en Venta de Baños solo eran para instrucción y prácticas de tiro. Vamos por ellas a la estación y, cuando las subíamos al pueblo por la carretera, con la nieve se escurre un muchacho, siendo arrollado por las ruedas de una pieza, sufriendo lesiones en la cabeza y vientre. Fue trasladado en una ambulancia al hospital de Pamplona. Hacemos instrucción.

Día 6 de diciembre 1937, lunes. Hoy empiezo a ayudarle la misa al capellán del grupo, que la dice todas las mañanas en la iglesia del pueblo, a las 7. Escribo a mis padres.

Día 7 y 8 de diciembre 1937, martes y miércoles. Sin novedad.

Día 9 de diciembre 1937, jueves. Escribo a mi novia. Nos mandan para la plana mayor centralitas y teléfonos de campaña. Salimos con ellos a hacer prácticas. Voy de excursión, por la tarde, con unos cuantos compañeros a la ermita de la Trinidad, situada en lo alto de una montaña de piedra o roca muy alta, de las que rodean el pueblo. Me es casi imposible subir, por lo escabroso del terreno y la nieve. Tardé hora y media en llegar a lo alto. Por las tardes, voy a la iglesia al rosario.

Día 10 de diciembre 1937, viernes. Escribo a mis padres. Me dan un pasamontañas, una camiseta y unos calzoncillos blancos, regalo del señor comandante a la plana. Vamos de prácticas, poniendo líneas telefónicas, con la central y teléfonos. Hay una feria de ganado en este pueblo, los días 10, 20 y 30 de cada mes.

Día 11 y 12 de diciembre 1937, sábado y domingo. Sin novedad. Instrucción. Nieva y hace muchísimo frío.

Día 13 de diciembre 1937, lunes. Recibo carta de mis padres y de mi novia, contestando a esta última. Cae una nevada tremenda. Sigo ayudándole por las mañanas la misa al capellán.

Día 14 de diciembre 1937, martes. Escribo a mis padres. Vamos con la central, teléfonos, banderas, goniómetros, etc. los de la plana, de prácticas al campo. Empieza a llover y, cuando regresamos al pueblo, íbamos calados hasta los huesos.

Día 15 y 16 de diciembre 1937, miércoles y jueves. Nieva muchísimo. Las calles del pueblo están que apenas si se puede andar.

Día 17 de diciembre 1937, viernes. Escribo a mi novia. Recibo un telegrama de mi casa interesando noticias mías. Les contesto con otro. Llegamos a atrevernos a salir de prácticas, a pesar de cómo estaba el campo de nieve. Fuimos hasta el pueblo de Echeverri. De regreso, empieza a nevar y llegamos a Irurzun que parecíamos terroncitos de azúcar, de la nieve que teníamos encima. Estamos a cinco grados bajo cero.

Día 18 de diciembre 1937, sábado. Vamos de instrucción al campo.

Día 19 y 20 de diciembre 1937, domingo y lunes. Grandes tronadas, lloviendo a ratos. No podemos ir a instrucción.

Día 21 de diciembre 1937, martes. Escribo a mi novia. Llevo diez días sin recibir carta de ella ni de mis padres, por lo que estoy impaciente. Vamos a instrucción. En este día se recibió una carta de una señorita de Filipinas, conocida de nuestro comandante, que se ofrece a ser madrina de toda la plana mayor. Juntamente con la carta se recibe un regalo en metálico que fue repartido entre todos.

Día 22 de diciembre 1937, miércoles. Escribimos cada uno de la plana una carta para la madrina de Filipinas, y todas juntas se le envían. Escribo a mis padres. Mando tarjetas con vistas del pueblo a mis padres, hermanos y novia, deseándoles felices pascuas. Vamos de instrucción al campo.

Día 23 y 24 de diciembre 1937, jueves y viernes. Sin novedad. Mucho frío.

Día 25 de diciembre 1937, sábado. Contesto a una carta de mi novia. Nos dan cinco pesetas de aguinaldo y rancho extraordinario. Nos preparamos para salir al frente. Recibimos cada uno de la plana una bufanda, regalo del comandante.

Día 26 de diciembre 1937, domingo. A las 9 de la mañana, después de haber oído misa, salimos en camiones hacia Jaca (Huesca), donde llegamos a las 5 de la tarde. La 29ª batería se queda en este pueblo. La 33ª marcha a Sabiñánigo (Huesca). Y la 7ª y los de la plana mayor del grupo nos vamos al pueblo llamado Guasa (Huesca). Resistimos un frío enorme. La temperatura oscila entre 18 y 20 grados bajo cero. Pernoctamos en dicho pueblo.

Día 27 de diciembre 1937, lunes. Desde Guasa escribo a mis padres. Por la noche, salimos de este pueblo con la 7ª batería, dirigiéndonos hacia el frente de Sabiñánigo, a cuyo pueblo llegamos a las once de la mañana. Empiezo a sentir los primeros tiros. Desde hoy pertenecemos a la 3ª División de Navarra.

Día 28 de diciembre 1937, martes. La 7ª batería marcha a Cartirana, pueblo a cuatro kilómetros de este, donde entra en posición. La plana mayor nos quedamos con la 33ª batería, que ya está emplazada en Sabiñánigo. Esta batería corrige el retiro a las posiciones de los rojos. La plana mayor tendemos las líneas telefónicas.

Día 29 de diciembre 1937, miércoles. Escribo a mi novia. Voy al observatorio de telefonista. Tengo a la vista las posiciones enemigas. La 33ª batería hace fuego sobre las mismas.

Día 30 de diciembre 1937, jueves. La noche pasada he estado en el observatorio y he amanecido con mucho frío. Me relevan del observatorio y marcho a arreglar una línea que está averiada.

Día 31 de diciembre 1937, viernes. Escribo a mis padres. Recibo carta de mi novia y de mi hermano. La 29ª batería, que estaba en Jaca, al amanecer llega a Sabiñánigo y emplaza al lado de la 33ª batería. Las dos hacen fuego a las posiciones rojas. Yo, desde el observatorio, por teléfono transmito a las baterías los datos de tiro que me ordenan. Hace un frío horroroso. El observatorio lo tenemos en el monte Rapún, que está nevado.

Montilla. Arcos de la Puerta de Aguilar, 1937.

AÑO 1938

ENERO DE 1938

1 de enero. En la batalla de Teruel, los republicanos atacaron con dureza La Muela.
7 de enero. En Teruel, tras evacuar a los civiles, Rey d'Harcourt se rindió.
18 de enero. Se reanudó la lucha en Teruel. Entró en combate el Cuerpo de Ejército Marroquí a las órdenes de Yagüe. Esto forzó el repliegue del Ejército republicano.
22 de enero. Los republicanos se retiraron al otro lado del río Alfambra.
30 de enero. Franco disolvió la Junta Técnica y constituyó el primer Gobierno, en el que asumía la Jefatura.

Día 1 de enero 1938, sábado. Es el día de mi santo y también del comandante del grupo. Tenemos rancho extraordinario. Nos dan de aguinaldo cinco pesetas, tres paquetes de tabaco y una caja de polvorones de dos kilos a cada uno. Recibo un paquete de mi casa y 25 pesetas de mi novia. Me siento un poco enfermo y me acuesto.

Día 2 de enero 1938, domingo. Continúo con el cuerpo un poco malo y sigo acostado. Por la tarde, en la cama, escribo a mi novia. Las baterías del grupo, 29ª y 33ª, rompen fuego sobre las posiciones enemigas (cotas 1.200 y 923).

Día 3 de enero 1938, lunes. Un avión vuela por encima de las baterías. Me encuentro mejor y me levanto por la tarde. Esta tarde me entregan el pasaporte para marchar con 15 días de permiso, cosa inesperada.

Día 4 de enero 1938, martes. Por la mañana temprano, salimos de Sabiñánigo en un camión todos los del permiso. Pasamos por Jaca, Pamplona e infinidad de pueblos hasta llegar a Irurzun, en cuyo pueblo nos dejó el camión, teniendo que pasar la noche en él por no haber combinación de trenes.

Día 5 de enero 1938, miércoles. Me levanto muy tempranito y marcho para la estación. Cojo el tren y voy hasta Alsasua, donde me apeo y espero al rápido de Irún. Está nevando y hace un frío terrible. Por fin llega. Lo cojo a las 11 de la mañana y continúo mi viaje. Paso por Vitoria, Burgos y Valladolid.

Día 6 de enero 1938, jueves. Al amanecer, llegamos a Medina del Campo, desde cuya estación pongo un telegrama a mis padres, anunciando mi llegada. Continúo viajando. Paso por Salamanca y Cáceres.

Día 7 de enero 1938, viernes. A las 7 de la mañana, llego a la estación de Los Rosales [Sevilla]. Hago transbordo para Córdoba, a la que llego a las 10 y media de la mañana. Hago otro transbordo y, a las 12, llego a mi pueblo. En la estación me espera mi familia y mi novia. Estoy en mi pueblo hasta el día 16, que a las 8 de la noche emprendo de nuevo el regreso a mi grupo. Llego a Córdoba y paso la noche en una fonda.

Día 17 de enero 1938, lunes. A las 6 de la mañana, continúo mi viaje. A las 8 y media llego a Los Rosales, donde espero al rápido, el cual cojo a las 9, y sigo viajando por el mismo recorrido que vine antes.

Día 18 de enero 1938, martes. A las 6 de la tarde, llego a Alsasua. Me apeo. A las nueve cojo otro tren y llego a Irurzun (Pamplona) a las 10 de la noche. Duermo en el mismo, en la fonda Otamendi.

Día 19 de enero 1938, miércoles. Voy a la estación del pueblo y recojo un bulto con cosas de comer, que mis padres me enviaron cuando me encontraba con mi grupo en este pueblo, y que no pude recoger entonces por tenernos que marchar antes de haber llegado. A la una de la tarde, cojo el tren para Pamplona, llegando a las dos. A las 3, en un tren de vía estrecha, llamado el Irati, continúo viajando hasta Sangüesa, a cuyo pueblo llego a las 6 de la tarde. Hago indagaciones de continuar el viaje, pero no hay combinación. Me hospedo en una fonda, desde la que escribo a mis padres y a mi novia.

Día 20 de enero 1938, jueves. Apenas amanece, voy al parque de intendencia y en uno de los camiones que salen para Jaca me voy. Llego a dicho pueblo al mediodía. Fui a casa de un fotógrafo y me retraté. A las cinco de la tarde, salgo en tren para Sabiñánigo, al cual llego a las 7.

Por fin he terminado mi viaje, del que he llegado muy cansado de tanto viajar y cargado de equipaje. Me incorporo a la plana mayor.

Día 21 de enero 1938, viernes. Me hago cargo del puesto de mando de la centralilla telefónica, que está en una casa del pueblo, donde para el señor comandante de la plana. A las 3 de la tarde, 15 trimotores pasan por encima de las baterías.

Día 22 de enero 1938, sábado. Recibo una carta y un paquete de mi novia. Le contesto a su carta. El servicio de la central me lo han nombrado permanente hasta nueva orden, pues en la plana no hay nadie que entienda el manejo de la central más que yo. Así que lo mismo de día que de noche tengo que estar sujeto, sin poderme retirar, pues a cada momento tengo que poner comunicaciones. Menos mal que de noche llaman poco y no me da mucho trabajo, pero hasta las 12 o la una no me puedo acostar. Duermo al lado de la central, por si llaman durante la noche que el timbre me despierte. El frente, sin novedad. El enemigo con fuego de artillería pone dos proyectiles por bajo de la ermita de San Pedro (famosa en octubre de 1937).

Día 23 de enero 1938, domingo. Recibo dos cartas de mis padres. Les contesto. Me ponen una inyección antitífica. A las 3.30, 14 trimotores pasan por encima del pueblo. La temperatura está a 22 grados bajo cero. Es una cosa insoportable. Por la mañana voy a misa, mientras se quedó otro muchacho en la central. Por las noches, copio el parte oficial de guerra, que desde la Comandancia Principal de Artillería (en Jaca) nos los transmiten diariamente a las 12 de la noche.

El día 24 de enero 1938, lunes. Sin novedad. Llueve mucho.

Día 25 de enero 1938, martes. Por la mañana, ayudo a misa al capellán en la iglesia del pueblo, pues su asistente está enfermo y no se la puede ayudar. Mientras, dejo a otro en la central. Escribo a mi novia. Me regala el capellán un devocionario militar.

Día 26 de enero 1938, miércoles. Escribo a mis padres y a mi hermano. El frente sigue tranquilo.

Día 27 de enero 1938, jueves. Sin novedad.

Día 28 de enero 1938, viernes. Escribo a mi novia. Nieva por la mañana. Ayudo a misa al capellán.

Día 29 de enero 1938, sábado. Escribo a mis padres. Oigo misa, confieso y comulgo. Sigue nevando.

Día 30 de enero 1938, domingo. Sin novedad. Oigo misa.

Día 31 de enero 1938, lunes. Escribo a mi novia. El frente este sigue tranquilo. Pequeños tiroteos y nada más. Me ponen la segunda inyección antitífica.

Escudo de España 1938.

FEBRERO DE 1938

1 de febrero. Las Cortes republicanas del Frente Popular se reunieron en el monasterio de Montserrat (Barcelona), presididas por Martínez Barrio.

5 de febrero. Empezó la nueva ofensiva nacional en Teruel, con la batalla de Alfambra.

7 de febrero. El frente republicano de Teruel se rompió en tres puntos.

17 de febrero. Yagüe cruzó el río Alfambra y avanzó ocho kilómetros.

20 de febrero. Se cerró el cerco nacional sobre Teruel. «El Campesino» quedó aislado en la ciudad y tuvo que abrirse paso con grandes dificultades para escapar.

21 de febrero. Los nacionales entraron en Teruel.

Día 1 de febrero 1938, martes. Llevo 16 días sin recibir carta de mis padres ni de mi novia. Estoy impaciente. Escribo a mi casa. Mejora el tiempo un poco. A las 11, pasan dos cazas. A las 11.15, cinco trimotores. A las 11.30, seis trimotores. A las 11.45, cinco trimotores. A las 12, tres trimotores. Y a las 12.10, pasa uno. Son seis las incursiones de la aviación.

Día 2 de febrero 1938, miércoles. Sin novedad.

Día 3 de febrero 1938, jueves. Recibo y contesto una carta de mi novia. A las 12.30, oímos ocho disparos de la artillería roja. Rompemos fuego de castigo sobre sus posiciones, con el fin de callarla, para que no siguiese hostilizando a nuestra infantería. Enseguida la callamos.

Día 4 de febrero 1938, viernes. Escribo a mis padres y a mi hermano. Hoy hace mucho frío.

Día 5 de febrero 1938, sábado. Sin novedad en el frente.

Día 6 de febrero 1938, domingo. Contesto a una carta de mi novia. Recibo la sagrada comunión. Continúo sin que me releven en la central.

Día 7 de febrero 1938, lunes. Escribo a mis padres. Nuestro Ejército avanza victorioso por el frente bajo y centro de Aragón. (Pronto nos tocará a nosotros.) ¡Viva España! ¡Viva el Caudillo! A las 10.50 de la mañana, rompemos fuego las baterías, haciendo alto al fuego a las 12.45. Tengo mucho trabajo en la central. Hicimos muchas bajas en las trincheras rojas. Por nuestra parte, sin novedad.

Día 8 de febrero 1938, martes. Sin novedad.

Día 9 de febrero 1938, miércoles. Escribo a mi novia. A las 2.30, tira la artillería roja. Rompemos fuego de contrabatería haciéndole callar. Luego, hostigamos sus posiciones con tiro certero que les hizo daños. En todos estos días somos felicitados por el mando.

Día 10 de febrero 1938, jueves. Contesto a una carta de mis padres. A las 9 de la mañana, rompemos fuego sobre las posiciones enemigas, cotas 440 y 1.020, durando el fuego hasta las 12. A las dos de la tarde, volvemos a tirar. Les hicimos muchas bajas. Por nuestra parte, sin novedad.

Día 11 de febrero 1938, viernes. Sin novedad en el frente.
Día 12 de febrero 1938, sábado. Contesto a una carta de mi novia. Hace un buen día de sol.

Día 13 de febrero 1938, domingo. Escribo a mis padres. Confieso y comulgo en la iglesia del pueblo. Hacen buenos días de sol, y la nieve de los campos que están blancos se empieza a derretir. Al atardecer, batería roja tira. Rompemos fuego. La reducimos al silencio, pero no podemos hostigar más, debido a que empieza a llover y no se ve nada.

Día 14 de febrero 1938, lunes. Sin novedad. Recibo las fotos que me hice en Jaca.

Día 15 de febrero 1938, martes. Contesto a una carta de mi novia y le mando una foto de las que recibí ayer. Hoy estamos a 20 grados bajo cero. Le ayudo a misa al capellán.

En Jaca, febrero de 1938.

Día 16 de febrero 1938, miércoles. Contesto una carta de mis padres y les mando otra foto mía de las de Jaca. Me dan en la plana unas botas. Los avances siguen por Aragón y todas las noches recibo el parte oficial por la central.

Día 17 de febrero 1938, jueves. Sin nada de particular.

Día 18 de febrero 1938, viernes. Contesto a una carta de mi novia. El frente está tranquilo.

Día 19 de febrero 1938, sábado. Escribo mis padres, mientras estoy en la central, teniéndolo que dejar a cada momento para acudir a las comunicaciones que me piden.

Día 20 de febrero 1938, domingo. Sin novedad en el frente. Oigo misa.

Día 21 de febrero 1938, lunes. Contesto a una carta de mi novia. Recibo cartas de mi primo Rafael Morales y de mi amigo José Herrador Cruz. Tengo mucho trabajo en la central. Empiezo a enseñarle el manejo de la central a otro muchacho, para que pueda relevarme algunos días, pues llevo más de un mes todos los días y noches de servicio, sin que me releven. A las 10.30, rompemos fuego, durando hasta las 2 y cinco. Comimos mientras lo hacíamos. La batería roja tira. Rompemos fuego de

56

contrabatería, reduciéndola al silencio. Luego, hicimos fuego de hostigamiento sobre sus posiciones. Solo con dos descargas de batería a dos segundos la hemos callado. Son cobardes. No admiten duelo. Ayer se reconquistó Teruel por nuestro Ejército, y hoy a la celebración tenemos rancho extraordinario, cante, vino y alegría. ¡Arriba España!

Día 22 de febrero 1938, martes. Contesto a una carta de mis padres. Me dan unos pantalones de militar y unos calcetines. El frente está tranquilo.

Día 23 de febrero 1938, miércoles. Sin novedad.

Día 24 de febrero 1938, jueves. Contesto a una carta de mi novia. Hace un día muy crudo de frío.

Día 25 de febrero 1938, viernes. Escribo a mis padres. Tengo un resfriado un poco regular, y siento dolor de cabeza. También contesto a dos cartas que recibí de mi hermano. Me relevan de la central hasta mañana.

Día 26 de febrero 1938, sábado. Sin novedad.

Día 27 de febrero 1938, domingo. Escribo a mi novia. Sigo un poco mejor del resfriado. Oigo misa de campaña. Después, entro de servicio en la central. La aviación pasa por encima de nosotros. Los antiaéreos les tiran, pero no les tocan. Todos estos días es corriente tirar a Puente de Fanlo y a Paco Matrás.

Día 28 de febrero 1938, lunes. Escribo a mis padres. Nada nuevo. El frente sigue tranquilo.

MARZO DE 1938

2 de marzo. En la zona nacional, se hizo público un decreto que restringía la libertad de expresión y de reunión.

6 de marzo. Destructores del Frente Popular hundieron el crucero Baleares a la altura del Cabo de Palos.

9 de marzo. Se inició la ofensiva nacional al sur del Ebro, con el objetivo final de llegar al Mediterráneo. El Gobierno de Burgos promulgó el *Fuero del Trabajo*, que se convertiría en una de las leyes fundamentales del régimen de Franco.

15 de marzo. Las tropas nacionales llegaron a la costa del Mediterráneo, cortando en dos partes el territorio de la España republicana

17 de marzo. Los nacionales tomaron Caspe (Zaragoza).

22 de marzo. Se inició la campaña del Maestrazgo.

27 de marzo. El Cuerpo de Ejército Marroquí entró en Fraga.
28 de marzo. Barbastro cayó en poder de los nacionales.
29 de marzo. Los generales Solchaga y Moscardó llegan al río Cinca.

Día 1 de marzo 1938, martes. La infantería nos comunica que la artillería roja les tira. Rompemos fuego y la callamos.

Día 2 de marzo 1938, miércoles. Contesto a una carta de mi novia. Ahora tengo tres días seguidos de servicio y uno libre en la central.

Día 3 de marzo 1938, jueves. Escribo a mis padres y les mando una foto mía. El tiempo ha mejorado bastante. Hacen unos días de sol estupendos.

Día 4 de marzo 1938, viernes. Sin novedad.

Día 5 de marzo 1938, sábado. Contesto a una carta de mi novia. El frente, sin novedad.

Día 6 de marzo 1938, domingo. Contesto a una carta de mis padres. Hace un día maravilloso de sol. Confieso y comulgo.

Día 7 de marzo 1938, lunes. Sin novedad.

Día 8 de marzo 1938, martes. Contesto a una carta de mi novia. Voy a arreglar la línea de la batería al observatorio, que está averiada. En la falda del monte Rapún, me encuentro con dos cadáveres. Ya están disecados y al parecer, por la ropa, son moros. Las tardes que puedo voy a rezar el rosario a la iglesia.

Día 9 de marzo 1938, miércoles. Contesto a una carta de mi hermano.

Día 10 de marzo 1938, jueves. Sin novedad.

Día 11 de marzo 1938, viernes. Debido al espionaje rojo, mudamos la dirección de las cartas, poniendo Estafeta de Campaña n° 3, en lugar del pueblo. Contesto a una carta de mi novia. Salgo a recoger y arreglar las líneas telefónicas, que raro es el día que no las cortan. Voy al observatorio. En estos días, nuestro glorioso Ejército está dando unos avances muy grandes por el frente de Aragón.

Día 12 de marzo 1938, sábado. Escribo a mis padres en contestación a una carta que recibo. Estoy de servicio en la central. Compro una linterna por 15 pesetas.

Día 13 de marzo 1938, domingo. Sin novedad. Voy en comisión de servicio a Jaca, regresando a la noche.

Día 14 de marzo 1938, lunes. Contesto a una carta de mi novia. Estoy con un resfriado hace varios días. Hoy me duele un poco la cabeza. Estoy en la central.

Día 15 de marzo 1938, martes. Contesto a una carta de mis padres. Voy a Cartirana a ver a los dos paisanos que tengo en la 7ª batería. Hace bastante calor.

Día 16 de marzo 1938, miércoles. Contesto a una carta de mi hermano. Nuestro Ejército continúa avanzando por Aragón.

Día 17 de marzo 1938, jueves. Contesto a una carta de mi novia. Voy en un camión con otros compañeros al pinar de la ermita de San Pedro, a por leña, por la mañana. A las 4.30, salimos de la posición con las piezas en tractores, un hacia Sabiñánigo estación. Las cargamos en camiones. Nos montamos y salimos, llegando a las 9.30 a Abena (Huesca). Sin luz, colocamos las piezas.

Día 18 de marzo 1938, viernes. Las baterías preparan el emplazamiento. Contesto a una carta de mis padres.

Día 19 de marzo 1938, sábado. Voy a poner nuevas líneas telefónicas desde el observatorio a las baterías del grupo. Nuestro capellán dice misa en el emplazamiento. Confieso y comulgo.

Día 20 de marzo 1938, domingo. Estoy de servicio en la central. Escribo a mi novia.

Día 21 de marzo 1938, lunes. Contesto a una carta de mis padres. Por la noche, queda incomunicada la línea que tenemos con la red general de los ingenieros. Salgo con una linterna y un pruebalíneas hasta que consigo encontrar la avería, que quedó seguidamente arreglada.

Día 22 de marzo 1938, martes. Por la mañana, la 29ª y 33ª baterías del grupo rompemos fuego, que dura todo el día. La 7ª batería sigue emplazada delante de Cartirana. Por la tarde, cae una lluvia menudita.

Día 23 de marzo 1938, miércoles. Contesto a una carta de mi novia. Estoy en la central. Amaneció lloviendo, y por la tarde está cayendo una nevada tremenda. A pesar de lo malo que está el día, nuestro glorioso Ejército ha roto el frente al sur de Huesca, quedando libre la capital del cerco que le tenían hecho los rojos. ¡Viva España! ¡Viva Franco!

Día 24 de marzo 1938, jueves. Contesto a una carta de mis padres y otra de mi hermano. El tiempo mejora un poco. Voy a Sabiñánigo barrio, a la Comandancia Principal de Artillería. Y en una tienda compro dos pares de medias para mi hermana, que me las tiene encargadas, pues escasean mucho. Regreso al grupo y voy al observatorio de telefonista. Vemos a una compañía roja que está fortificando. Rompemos fuego y los obligamos a huir.

Día 25 de marzo 1938, viernes. Sin novedad.

Día 26 de marzo 1938, sábado. El tiempo ha mejorado bastante y no llueve hoy. Estoy en la central.

Día 27 de marzo 1938, domingo. Rompemos fuego para ocupar las posiciones de Paco Matras y Santa Cruz. Contesto a una carta de mis padres. Pido permiso, al atardecer, y voy a la estafeta que está en Sabiñánigo barrio, a certificar un paquete para mi casa, con cosas que me sobran y no tengo sitio para ellas en la maleta: dos pares de medias, tres libritos de papel bambú, dos pares de guantes de cuero, un pasamontañas, un jersey y unos pantalones caqui. En la plana me dan un gorro y una camisa caqui.

Día 28 de marzo 1938, lunes. Por la mañana temprano, salimos con los cañones en tractores hacia la Orna de Gállego (Huesca), a proteger el avance de nuestras tropas. No hubo resistencia. Se tomaron los pueblos y posiciones siguientes: pueblos de Lasieso, Jabarrella, Lanave, Ipiés, San Vicente y Serué, posiciones de Paco de Ipiés, cotas 940, 923, Centenero, etc. Por la tarde, nos retiramos a Abena con las piezas. Paso un día de mucha alegría, ante los éxitos que empezamos a obtener. También lo paso de mucho trabajo, poniendo rápidamente el enlace de las líneas telefónicas. Los rojos vuelan puentes e incendian los pueblos.

Día 29 de marzo 1938, martes. Al amanecer, nos levantamos y en camiones nos dirigimos a Sabiñánigo barrio, en cuyo pueblo se queda la 33ª batería, y la 7ª, la 29ª y plana mayor marchamos a Cartirana, a esperar órdenes de continuar avanzando. Contesto a una carta de mi novia. Desarmo la central telefónica, la limpio por dentro y arreglo el timbre que no suena, quedando en perfectas condiciones para seguir sirviendo. También arreglo un poco los teléfonos. Al anochecer, el pueblo de Biescas, donde aún están los rojos, lo vemos que está ardiendo por sus cuatro costados, y oímos grandes explosiones en la fábrica de electricidad, que la están volando.

Día 30 de marzo 1938, miércoles. A las 4 de la mañana, salimos el grupo con las piezas en tractores hacia Yebra de Basa (Huesca), a proteger el avance. Atravesáramos el río Fiscal, metiéndonos en el agua, entrando en posición a las 8, en la margen izquierda del citado río, en las proximidades de San Julián de Basa. A las 9, rompemos fuego, durando todo el día. Fueron ocupados por nuestras tropas los pueblos y posiciones siguientes: pueblos de San Julián de Basa y Orús, y posiciones enemigas al norte de dichos pueblos. A las 3 de la madrugada, regresamos a Sabiñánigo. El terreno es muy abrupto, siendo casi imposible el avanzar con los cañones. Recibimos orden de regresar. Contesto a una carta de mi novia y otra de mis padres.

Día 31 de marzo 1938, jueves. La 7ª batería marcha a emplazarse en las posiciones de las inmediaciones de Biescas. La 29ª, 33ª y plana mayor nos preparamos para marchar.

ABRIL DE 1938

3 de abril. El general Rafael García Valiño tomó Gandesa. A pesar de la dura defensa de «El Campesino», Juan Yagüe ocupó Lérida.

5 de abril. Se consumó la caída de Indalecio Prieto como ministro de Defensa Nacional. El presidente del Gobierno, Juan Negrín, asumió la cartera de Defensa.

7 de abril. Los nacionales tomaron Tremp y Camarasa (Lérida).

15 de abril. Las tropas nacionales, al mando del general Camilo Alonso Vega, tomaron Vinaroz (Castellón), reforzando así la partición en dos de la zona dominada por el Frente Popular.

18 de abril. La 62ª División nacional ocupó Viella y el valle de Arán.

19 de abril. Los nacionales ocuparon Tortosa (Tarragona).

30 de abril. El gobierno de Negrín dio a conocer su plan *13 puntos para la victoria*, en el que exponía su programa político, un tanto irreal.

Día 1 de abril 1938, viernes. Apenas si ha amanecido, ya estamos levantados. Oímos misa de campaña. Es primer viernes de mes, confieso y comulgo. Terminada la misa, contesto a una carta de mi novia. Recibida orden, marchamos en camiones a incorporarnos a la columna mandada por el teniente coronel Moliner, que se encuentra en el Vértice Caballo, próximo a Campodarbe (Huesca). Hacemos el viaje sin novedad, contemplando los destrozos cometidos por los incendiarios y asesinos rojos. A las 12 de la noche, llegamos al lugar donde se encuentra la columna y allí, entre la infantería, dormimos.

Día 2 de abril 1938, sábado. Amanece. La infantería está tomando el café. Enseguida se pone en marcha, una compañía por aquí, otra por allí. La Falange montada hace la descubierta. Con los cañones en los camiones, nos adelantamos y nos ponemos delante de la infantería. La 29ª batería descarga las piezas y empieza a emplazarlas en la cúspide de un cerrito. La 33ª batería sigue confiada un poco más adelante. La artillería roja empieza a tirarle en cuanto lo vio. La 29ª aligera a emplazar. A la 33ª batería le matan un artillero, por el fuego de una batería roja que no cesa de tirarnos, quedando localizada y sin poder hacer fuego. Yo, que estoy de batidor con mi comandante en el momento de tirar la batería roja a la 33ª, me encuentro allí, teniendo que tirarme al suelo. Los pepinos me caen muy cerca. Veo al artillero muerto por el proyectil rojo, que está cerca de mí. Seguidamente es trasladado el cadáver al pueblo de Campodarbe. De la 29ª batería solo una pieza está emplazada. Le dan los datos de puntería y rompe fuego de contrabatería sobre dos baterías de montaña del 10.5 rojas, que estamos viendo. Se han emplazado las otras tres piezas. La batería está lista. Rompemos fuego rápido de 6, 5, 4, 3 disparos por pieza. En cuanto tiró la 29ª el primer disparo, la vieron los rojos y ahora, en vez de tirarle en la 33ª, le tiran a la 29ª. Un proyectil cae a 20 metros a la izquierda de la 4ª pieza, enfrente de la 3ª. Otro pasa silbando por encima. Otro cae enfrente de la 2ª, más cerca que el anterior, pero no explota. Sin abandonar nadie su puesto, sigue el fuego rápido. El duelo termina a favor nuestro. Callan las baterías rojas, destrozadas para siempre. Les hemos matado a dos tenientes y unos artilleros (contado por un artillero pasado). Por nuestra parte, sin más novedad que el artillero muerto de la 33ª batería. Empezamos a tirar sobre las posiciones rojas. La infantería avanza. Con granada de metralla tiramos sobre el pueblo de Guaso. Termina el día. Hemos tomado Boltaña, Campodarbe, Latorrecilla, Guaso, Sieste, Lebres, Morcat, La Valle, Margudgued y posiciones defensivas de los mismos. Fuimos felicitados. Acampamos en el pueblo de Boltaña (Huesca), en lo alto del cerro y allí pernoctamos.

Día 3 de abril 1938, domingo. Seguimos avanzando. Nos encontramos en las alturas que dominan Boltaña, a la izquierda del pueblo de Guaso. En la cuneta de la carretera de Boltaña, escribo una carta a mi novia en un rato de lugar. Tiendo nuevas líneas telefónicas. Paso por una huerta y entre mis compañeros y yo cogemos unas pocas de cebollas, tomates y pimientos para hacer un picadillo.

Día 4 de abril 1938, lunes. Al amanecer, me doy cuenta de que he pasado la noche al lado de tres cadáveres rojos. Debido a la oscuridad de la noche, me tendí a dormir al lado de ellos sin verlos. Entre otros cuantos compañeros, hicimos una fosa y los enterramos, poniéndole encima una cruz de palo. Llevo tres días sin poderme lavar la cara, por no encontrar agua. La piel de la cara la tengo levantada del sol tan fuerte que hace. Voy a tender una línea para enlazar con la red general de transmisiones. Después, al observatorio. Tomamos parte en la operación llevada a cabo para la ocupación de Sierra de Bruello, próxima a Guaso. Vino la aviación, pero no tiró. El Ejército Nacional, en este día, conquista la capital de Lérida.

Día 5 de abril 1938, martes. Está clareando el día. Aprovecho la ocasión y escribo a mis padres, antes de que empiece la operación. Ya amanecido, nos dirigimos con las piezas en tractores a otra posición, donde fueron emplazadas. Abrimos fuego rápido haciendo carnicería. Y tiramos sobre una loma, la tomamos. Llevamos el tiro a la izquierda sobre dos picos y seguimos en fuego rápido. También fueron tomados. Seguimos más a la izquierda, sobre una posición más fortificada. Hacemos fuegos rápidos, cayendo los proyectiles en las mismas trincheras. Reciben refuerzos. Viene la noche. Cesamos el cañoneo. Ha llegado el momento de entrar en acción la Falange. Con bombas de mano se lanzan hacia los rojos, huyendo estos acobardados, después de haberse resistido mucho. Esta operación les costó a la Falange 150 bajas. En lo alto del monte ondea la bandera santa roja y gualda de la España nacional. ¡Arriba España! Ha llegado la noche. Hemos tomado los pueblos de Aínsa, Labuerda, San Vicente y posiciones enemigas que dominan dichos pueblos. Yo, durante todo el día, he andado sin descanso alguno, con las líneas, la centralilla y hablando por banderas. A cada momento, se averían las líneas y hay que salir a arreglarlas. Esta noche la pasé en el observatorio. Son las 11 y, ante nuestros ojos, se desarrolla una tragedia espeluznante. Tres pueblos que dominamos desde el observatorio están ardiendo. Los rojos les han prendido fuego. Se oyen explosiones de voladuras de puentes. Igual hacen con todos los pueblos que les vamos tomando, antes de abandonarlos.

Día 6 de abril 1938, miércoles. Tomamos, después de hacer más de 475 disparos cada batería, la ermita de Santa Engracia y Fuente de San Visorio, Caserío de Regadera y Tobas, que dominan por el norte dichos objetivos. Recojo unas líneas que se han quedado a retaguardia. En un manantial de agua que me encuentro por el campo, después de seis días sin poder lavarme, consigo hacerlo. También lavo una muda de ropa.

Día 7 de abril 1938, jueves. Servicio de campaña y vigilancia. Estamos acampados con las piezas emplazadas en la Fuente de San Visorio. En el observatorio me encuentro de telefonista y me entretengo a ratos en escribir una carta a mis padres y otra a mi hermano. Hace un calor insoportable. La 7ª batería, que venía operando sola con una agrupación de infantería, más a la izquierda de nosotros, por la carretera de Bielsa a Boltaña, se incorpora al grupo.

Día 8 de abril 1938, viernes. Servicio de campaña y vigilancia. Estoy de servicio en la central, en el observatorio. Al atardecer, la 33ª batería, la 7ª y plana mayor salimos para Aínsa. La 29ª se queda en el mismo emplazamiento. El puente de Boltaña, que atraviesa del río Ara, está volado. Pasamos por otro provisional de madera, que han construido nuestros ingenieros. Y después de un recorrido de 14 kilómetros por carretera, en los camiones, llegamos a dicho pueblo de Aínsa. Las baterías emplazan a la salida del pueblo, tomando seguidamente referencias de puntería sobre las posiciones rojas. La plana mayor nos alojamos en una casa. Me parece mentira, después de 14 días de operaciones y durmiendo en el campo donde nos cogía la noche. Por la noche, escribo a mi novia.

Día 9 de abril 1938, sábado. La 29ª batería, desde el emplazamiento en que quedó, rompe fuego para ahuyentar al enemigo que hostiliza el paso por la carretera de Bielsa a Barbastro. La 7ª y 33ª tiran a las alturas de Los Collados. Tiendo nuevas líneas telefónicas entre el observatorio y baterías, y enlazamos con la red general de ingenieros de transmisiones; y otra línea, desde mi central a la casa del comandante.

Día 10 de abril 1938. Domingo de Ramos. Amanece. Después de oír misa de campaña, marcho a poner otra nueva línea telefónica. Por la tarde, me dedico a ver el pueblo y da pena mirar las barbaridades que han cometido los rojos. Todo un barrio entero de casas está destruido, lo mejor del pueblo, donde estaban los comercios, la fábrica de harinas, la iglesia, etc. En este pueblo, se junta el río Ara con el Cinca. Y dos puentes grandísimos que cruzaban del río, de la carretera que va para Barbastro, uno de hierro y otro de material, los dos están completamente destruidos. Por la noche, escribo a mis padres.

Día 11 de abril 1938. Lunes Santo. Servicio de campaña y vigilancia. Trabajo en asuntos de la oficina de la plana mayor, en el diario de operaciones del grupo. Por la noche, escribo a mi novia.

Día 12 de abril 1938. Martes Santo. Sin luz del día, voy al observatorio del grupo, con las banderas y el material telefónico. A las 7, y para apoyar el avance de la infantería, rompemos fuego sobre la posición enemiga de Santa Marina. Al rato, forman grupo con nosotros dos baterías del 8.8, descargando sobre dicha posición mucha metralla. La tomamos. Llevamos el tiro a la derecha, siempre con la vista puesta en la bandera que ondea orgullosa a la cabeza de los infantes. El general Solchaga, que dirige la operación, nos felicita por teléfono desde su puesto de mando, por la certeza en el tiro. Termina el día. Hemos tomado las posiciones siguientes: ermita de Santa Marina, Sierra Bolave, Vértice Cozuello, Alturas de Los Collados, Albuza y los pueblos de Jánovas, Ascaso, Cajol y Burgasé. La 29ª batería, a las dos de la tarde, se vino del emplazamiento en que la dejamos el día 8, y emplazó junto a las otras baterías del grupo, delante de Aínsa. Ya anochecido, escribo a mis padres.

Día 13 de abril 1938. Miércoles Santo. Me encuentro en el observatorio de telefonista. A las 8, rompemos fuego sobre la posición enemiga de ermita Santa Engracia, Tozal del Muro y cota 872. Predominó la granada de metralla, para causarles muchas bajas cuando huían. Fueron tomados los pueblos de Santa Catalina, El Soto, El Pueyo de Araguás, Ceresuela, Buerba, Vio, Gaulo, El Castellón, Buisán, Nerín, Muro de Bellos, Escalona y posiciones de Santa Engracia, cota 1.920, Alto Metils, Alturas de Serué y El Pozo. Por la noche, escribo a mi novia.

Día 14 de abril 1938. Jueves Santo. A las 7 de la mañana, oímos misa. A las 9.30, rompemos fuego las tres baterías del grupo, 7ª, 29ª y 33ª, sobre las posiciones enemigas de Tozal del Muro. A las dos de la tarde, con las piezas en tractores, nos dirigimos a Labuerda (Huesca), a 4 kilómetros, entrando en posición a las cinco, a vista de los rojos y cerca. Rompemos fuego rápido con granadas rompedoras, cayendo perfectísimamente. La infantería seguía avanzando. Nuestros disparos iban sembrando el terror entre los rojos. Cambiamos la granada rompedora por la de metralla, y un maravilloso espectáculo se ofreció a nuestros ojos: las granadas explotaban a diez metros sobre la trinchera roja. Barremos los atrincheramientos de las estribaciones de Peña Montañesa, que tiene 2.908 metros de altura. Por esta estupenda actuación, a los de la plana mayor nos regaló el comandante cinco pesetas a cada uno, por lo rápidos que hemos ido poniendo las nuevas líneas telefónicas. En este día, soy ascendido a cabo. También salgo citado como distinguido en la orden de la División. Escribo a mis padres al anochecer. Ya anochecido, voy al río Ara y me lavo, pues durante el día no he podido.

Día 15 de abril 1938. Viernes Santo. A las 9.30 rompemos fuego las baterías del grupo y una del 100.17 sobre las posiciones enemigas de las estribaciones de Peña Montañesa y pueblo de Laspuña. Este pueblo de Labuerda es pequeño y situado a la orilla derecha del río Cinca. La iglesia, como la de todos los pueblos que hemos conquistado, esta profanada, y los rojos la convirtieron en almacén de máquinas de labor del campo y cosas por el estilo. El grupo de baterías lo tenemos emplazado a la salida del pueblo, en una mancha de eucaliptos que hay. El observatorio lo tenemos en otro pueblo, llamado Muro de Bellos, que está aquí cerca, situado en un monte altísimo desde el que se divisan estupendamente las posiciones rojas. La plana mayor nos alojamos en la casa de un rojo que la dejó abandonada, a la entrada nuestra en el pueblo, y en la que dormimos los que están francos de servicio. Por la noche, escribo a mi novia.

Día 16 de abril 1938. Sábado de Gloria. Tiendo una línea telefónica de 4 kilómetros, desde el puesto de mando del comandante, en Labuerda, en que está la central, hasta Muro de Bellos, donde está el observatorio. Al llegar poniendo la línea telefónica al observatorio, me quedo en él. Rompemos fuego a las 11, en tiro de hostigamiento sobre los pueblos de Laspuña y Ceresa.

Día 17 de abril 1938. Domingo de Resurrección. Oímos misa en la plaza del pueblo. Rompemos fuego sobre las posiciones enemigas de las estribaciones de Peña Montañesa y pueblos de Laspuña y Ceresa. Pongo tres nuevas líneas, desde cada una de las baterías del grupo a la central de la plana mayor. Contesto a una carta de mis padres y otra de mi hermano.

Día 18 de abril 1938, lunes. Hacemos fuego sobre estribaciones de Peña Montañesa. Estoy de servicio con mi escuadra en la central. Escribo a mi novia. Llueve por la noche.

Día 19 de abril 1938, martes. Tiramos a los pueblos de Ceresa y Laspuña. Me encuentro de servicio en el observatorio, y por el goniómetro veo el efecto tan magnífico que hace el fuego de nuestras baterías, batiendo una concentración de rojos en Laspuña.

Día 20 de abril 1938, miércoles. Hacemos fuego sobre posiciones enemigas de Peña Montañesa y Los Mogotes. Contesto a una carta de mi hermano y otra de mis padres.

Día 21 de abril 1938, jueves. A las 10.30, viene la aviación. Rompemos fuego las baterías del grupo y una del 100.17 y otra del 15.3 (3º Pesado), contra estribaciones de Peña Montañesa y pueblos de Laspuña y Ceresa. Hoy me quedo en Labuerda, haciendo los trabajos en la oficina de la plana mayor. Por la mañana he oído misa de campaña en el emplazamiento, confesando y comulgando. Contesto a una carta de mi novia, otra de mi primo Rafael Morales y otra de mis padres.

Día 22 de abril 1938, viernes. Servicio de campaña y vigilancia. Marcho de servicio al observatorio. Los rojos nos han descubierto y nos tiran mucho con ametralladoras, pasando las balas silbando por encima de nosotros. También hostigan con artillería. Caen dos proyectiles al lado del observatorio, pero no hacen explosión. Escribo a mi novia y a mis padres y hermano. Paso la noche en el observatorio. Atacan los rojos a las 2 de la madrugada, siendo rechazados.

Día 23 de abril 1938, sábado. Rompemos fuego de hostigamiento sobre los dos pueblos citados. Salgo a recorrer la línea del observatorio, que está averiada, teniéndolo que hacer por tres veces, atravesando por un pinar muy espeso y con mucha maleza.

Día 24 de abril 1938, domingo. Oímos misa de campaña en el emplazamiento de las baterías. A poco determinar la misa, empieza a llover. Entro con mi escuadra de servicio en la central. Se hace fuego sobre los dos pueblos y se corrige el tiro sobre los objetivos nº 31, 40, 38 y 45.

Día 25 de abril 1938, lunes. Salgo de servicio de la central y marcho con el teniente ayudante al observatorio. Hacemos fuego de hostigamiento sobre los dos pueblos, todo el día y a las 10 de la noche. Paso la noche en el observatorio.

Día 26 de abril 1938, martes. Continúo en el observatorio sin que me releven. Como rancho en frío. Hacemos fuego sobre los objetivos número 33, 34, 40, 41 y 42 y a los dos pueblos.

Día 27 de abril 1938, miércoles. Sobre los dos pueblos hacemos fuego. Estoy de servicio en la central y escribo a mi novia. Llueve mucho y hay una niebla muy densa, que apenas si se ve a corta distancia.

Día 28 de abril 1938, jueves. Sobre los dos pueblos hacemos fuego. Por dos veces tengo que arreglar la línea del observatorio que, sin saber cómo, la cortan, quedando incomunicados. Está lloviznando y cojo una buena mojada. Contesto a una carta de mi novia y otra de mi hermano. Se pasan, durante la noche, muchos milicianos a nuestras filas, de los rojos.

Día 29 de abril 1938, viernes. Hacemos fuego sobre los objetivos número 31, 37, 38, 40, 41 y 42 y pueblo de Ceresa. Continúa lloviendo. Marcho en un caballo de servicio al observatorio y allí escribo a mis padres. No se puede observar nada, por la niebla y la lluvia. No obstante, no dejan de tirarnos al observatorio con ametralladoras y fusilería.

Día 30 de abril 1938, sábado. Bajo del observatorio y, en el pueblo, entro con mi escuadra de servicio en la central. Hacemos fuego sobre objetivos número 31, 37, 38, 40, 41 y 42 y pueblos de Ceresa y Laspuña. Bombardea la aviación atrincheramientos rojos y el pueblo de Belsierre. Termina el mes acampando las baterías en el pueblo de Labuerda. Y queda hecha una bolsa a los rojos. Casi todos los que tenemos metidos en esta bolsa son carabineros y de la FAI, en número de unos 6.000. Están mandados por un anarquista, de profesión sastre, que ostenta el grado de teniente coronel; y por un presidiario llamado El Esquinazao, que ostenta el grado de comandante. El terreno es escabrosísimo (ya que estamos en los Pirineos) y lo tienen muy bien fortificado, con abundantes nidos de ametralladoras en todos los picos que dominan el valle. La única salida que tienen es atravesar un puerto e internarse en Francia (de donde les mandan diariamente de dos a tres toneladas, entre víveres y municiones), pero no se marchan a causa de la mucha nieve que hay (aclaraciones hechas por los pasados a nuestras filas). El día 18, voló nuestra aviación sobre ellos y les arrojó un manifiesto para que depusieran las armas en el plazo de 48 horas, garantizándoles la vida a todos aquellos que no hubieran cometido crímenes o actos de terrorismo.

Transcurridas las mismas y en vista de que no atienden a razones, todos los días vuelan seis aparatos nuestros y los bombardean. Nosotros solemos hostigarlos mucho con los cañones, para deprimirles el ánimo.

MAYO DE 1938

11 de mayo. Portugal reconoció oficialmente al Gobierno de Franco.

14 de mayo. Falleció en Málaga el general Miguel Cabanellas.

21 de mayo. En la zona nacional, se prohibió el uso de nombres que no figuraran en el santoral y los de raíz separatista. El Ejército Popular inició una maniobra divergente sobre Sort, Tremp y Balaguer, que fracasaría del todo.

29 de mayo. El Ejército del Frente Popular creó el Grupo de Ejércitos de la Región Oriental (GERO), al mando de Juan Hernández Saravia, formado por el Ejército del Este mandado por Juan Perea, y el Ejército del Ebro mandado por Juan Modesto.

Día 1 de mayo 1938, domingo. Por la mañana, cae una buena nevada. Oigo misa en la iglesia del pueblo, que la han arreglado un poco poniéndole un altar provisional. A las nueve, marcho al observatorio con un equipo de goniometristas. A las 3 de la tarde, rompemos fuego sobre las posiciones enemigas, objetivos número 31, 33, 40 y los pueblos de Laspuña y Ceresa, cesando a las cuatro. Paso la noche del observatorio y escribo a mi novia.

Día 2 de mayo 1938, lunes. Está amaneciendo y yo observando con el goniómetro las posiciones rojas. Dejo a otro en el goniómetro y les contesto a mis padres a una carta. Llega el relevo y me bajo del observatorio. Se queda en él mi amigo el cabo García con su escuadra. A las 14 horas, rompemos fuego sobre las posiciones enemigas, objetivos número 31, 36, 38, 40, 41 y los pueblos de Laspuña y Ceresa.

Día 3 de mayo 1938, martes. Entro de servicio en la central con mi escuadra. Todo el día transcurre lloviendo. Contesto a una carta de mi novia y otra de mi primo Rafael Morales. Nuestra aviación aparece por tres veces, bombardeando las posiciones enemigas. También hacen fuego nuestras baterías sobre objetivo 31 y pueblo de Ceresa.

Día 4 de mayo 1938, miércoles. Contesto a una carta de mis padres y otra de mi hermano. Voy a recorrer una línea y por el monte tengo que ir desenterrándola, pues está cubierta por la nieve. Encuentro la avería y la arreglo. Hacemos fuego sobre las posiciones de las estribaciones de Peña Montañesa y objetivos 31 y 36. La aviación hace tres incursiones, bombardeando las fortificaciones rojas.

Día 5 de mayo 1938, jueves. Voy al observatorio. Llueve y hay mucha niebla. Por el camino de mojo un poco, poniéndome lleno de barro. Viene la aviación, pero no descarga. Se marcha de seguida. Hacemos fuego sobre objetivos número 36 y pueblo de Ceresa. Por la noche, escribo a mi novia.

Día 6 de mayo 1938, viernes. Regreso del observatorio al pueblo por la mañana temprano y hago el primer viernes de mes. Me entrega el cartero tres cartas, una de mis padres, otra de mi hermano y otra de mi novia, con un retrato suyo. Contesto a esta última por la noche, a la luz de un candil. Durante todo el día ha llovido mucho y por la noche aún continúa.

Día 7 de mayo 1938, sábado. Amanece el día un poco despejado y a ratos sale el sol. Entro de servicio en la central, relevando a mi amigo el cabo Eslava. Escribo a mis padres. La aviación bombardea las trincheras rojas. Hacemos fuego a los objetivos número 31, 38 y 40, y a las estribaciones de Peña Montañesa.

Día 8 de mayo 1938, domingo. El capellán dice misa en una capilla de la casa donde para el comandante. La oigo y comulgo en ella. En esta capilla, nuestro capellán por las tardes hace el mes de María y cantan unas cuantas chicas del pueblo. Yo las tardes que puedo voy. La aviación tira proclamas a los rojos, para que se rindan. Desaparece la aviación y hacemos fuego sobre los objetivos número 36, 40 y 41. Contesto a una carta de mi novia.

Día 9 de mayo 1938, lunes. Amanece lloviendo. Voy al observatorio, de servicio. No hacen fuego las baterías. Desde las trincheras de nuestra infantería, que están delante del observatorio, a unos 20 metros, les hablan a los rojos con un altavoz, invitándoles para que se rindan. Y también todas las noches se les lee el parte oficial de operaciones de nuestro Ejército. Ellos contestan con ráfagas de ametralladoras y palabras groseras. En el silencio de la noche, resulta muy divertido echar un parrafito con nuestros enemigos los rojos, desde trinchera a trinchera. Empieza a llover fuerte y calla el altavoz. Me entretengo en contestar a una carta de mis padres.

Día 10 de mayo 1938, martes. Amanece un día claro y hermoso. Sigo en el observatorio hasta las 10 de la mañana que me relevan y bajo al pueblo a caballo, con el teniente ayudante. Las baterías hacemos fuego sobre objetivos número 31 y 41 y a Los Mogotes. Escribo a mi novia.

Día 11 de mayo 1938, miércoles. Entro de servicio en la central con mi escuadra. Contesto a una carta de mi primo Pepe Polonio y otra de mi hermano. Recibo un paquete de mi casa con cosas de comer y un pantalón recto.

Día 12 de mayo 1938, jueves. Hacen fuego las baterías sobre objetivos 31, 36 y 38 y pueblos de Ceresa y Laspuña. Por tres veces tengo que ir por el monte a arreglar la línea del observatorio, que se averiaba y quedaba cortada la comunicación. Escribo a mi casa.

Día 13 de mayo 1938, viernes. Empiezan a dar permisos en el grupo. Marcho de servicio en el grupo de goniometristas que sube al observatorio. Viene nuestra aviación y bombardea las posiciones rojas del pueblo de Belsierre. Tiramos con las piezas al pueblo de Ceresa, donde se ve mucho movimiento de fuerzas rojas, y a las estribaciones de Peña Montañesa. Contesto a una carta de mi novia. Por la noche, un rojo consigue infiltrarse en nuestras líneas, matando a un soldado nuestro a traición y llevándose el armamento que tenía a sus trincheras.

Día 14 de mayo 1938, sábado. A las nueve, vienen dos escuadrillas de trimotores, una formada por 4 y otra por 3, en total 7, bombardeando las posiciones enemigas y de observación, pues creíamos que se habían retirado para Francia. A las 3 de la tarde, rompemos fuego sobre las posiciones de las estribaciones de Peña Montañesa, durando hasta el amanecer. Al amanecer, en un camión voy a Aínsa, donde está la estafeta, a recoger las cartas de la plana mayor, pues el cartero está enfermo. Escribo a mis padres.

Día 15 de mayo 1938, domingo. Confieso y comulgo en la misa de campaña. Después de misa, entro de servicio en la central. Llueve mucho. Rompemos fuego durante todo el día. No le damos importancia al agua y solemos hacer fuegos rápidos. Por la noche, voy a la estafeta por las cartas. A las 2 de la madrugada, atacan los rojos. Rompemos fuego, durando hasta las 3, que paró el ataque.

Día 16 de mayo 1938, lunes. Rompemos fuego sobre las mismas posiciones. Recibo un paquete de mis padres, con unos calzoncillos blancos y cosas de comer. Llueve mucho durante el día y por la noche. Al anochecer, voy también a la estafeta por el correo. Recibo carta de mi casa, con un retrato de mi hermana Aurorita, a la cual contesto esta misma noche.

Su hermana Aurora.

Día 17 de mayo 1938, martes. Amanece un día muy nublado, pero no llueve. Hoy dejo de ser cartero, pues ya está bueno el que lo era. Voy de servicio al observatorio. A las 3 de la tarde, fueron los de la 29ª batería más a vanguardia (1.500 metros), a preparar un nuevo emplazamiento para combatir mejor al enemigo, muy cerca de sus posiciones. Las piezas las llevarán un día de estos. Contesto a una carta de mi novia.

Día 18 de mayo 1938, miércoles. Regreso del observatorio al pueblo, sin más novedad.

Día 19 de mayo 1938, jueves. A las 9.30, arde, no sabiendo cómo, la gasolina que estaba en el polvorín. A las 9.45, estaba apagado todo. Por la tarde, voy a arreglar las líneas telefónicas, que tienen contactos y no funcionan bien.

Día 20 de mayo 1938, viernes. Entro de servicio en la central. A las 10.15, lleva la 29ª batería las piezas en tractores al nuevo emplazamiento. A las 3 de la tarde, rompe fuego sobre las mismas posiciones que los días anteriores. Por la mañana, llueve un poco. Contesto a una carta de mi novia y otra de mis padres.

Día 21 de mayo 1938, sábado. Apenas empieza a amanecer y ya me encuentro por el monte, con otros muchachos de la plana, tendiendo una nueva línea telefónica. Empieza a tronar y a llover. Nos mojamos bastante. A las 11.25, vienen cinco aparatos y bombardean, marchándose a las 11.35. Cesamos el fuego a las 6 de la tarde, que empezamos a las 10.30.

Día 22 de mayo 1938, domingo. Voy al observatorio de servicio. Un compañero que sube por la tarde me trae una carta de mi hermano, en la cual me manda un retrato suyo. A las 10.30, rompemos fuego sobre las primeras posiciones anteriores. A las 12.20, cinco aparatos bombardean, marchándose a las 11.35. Cesamos el fuego a las 5 de la tarde.

Día 23 de mayo 1938, lunes. Regreso del monte al pueblo y me encuentro con una carta de mi novia, a la cual contesto. Hace un día de sol magnífico.

Día 24 de mayo 1938, martes. Entro de servicio en la central y contesto a una carta de mis padres y otra de mi novia. Por la tarde me dan la noticia de que mañana me marcharé con permiso. Arreglo mi maleta y, de la alegría que tengo, durante la noche no puedo dormir, pensando en que amanezca.

Día 25 de mayo 1938, miércoles. A las 7 de la mañana, marcho con permiso en un camión que nos lleva hasta Pamplona, a cuya capital llegamos a la una de la tarde. Compramos cosas y comimos encima del camión. A las 6.30, en tren, salimos para Alsasua y allí cenamos a las nueve. A las 11, en el rápido de Irún, continúo mi viaje. Paso por Vitoria, Burgos, Valladolid, Salamanca, Cáceres y, el día 27, a las 7 de la mañana, llego la estación de Los Rosales. Me apeo del rápido de Irún y cojo otro tren para Córdoba, a la cual llego a las 10 y media. Hago otro transbordo y, a las 12 en punto, me encuentro en mi pueblo. En la estación me están esperando mi padre, mis hermanas Aurorita e Inés, mi novia y la novia de mi hermano, mi futura cuñada Soledad.

Día 28 de mayo 1938, sábado. Desde mi casa, escribo a mi hermano y le pongo un telegrama, para que pida permiso a su capitán y lo deje venir a verme.

Día 29, 30 y 31 de mayo 1938, domingo, lunes y martes. Los paso alegremente entre mis padres, hermanas, con mi novia y mis amigos. Viene mi hermano a verme.

JUNIO DE 1938

---

3 de junio. Se produjo un avance del Ejército Nacional en el Maestrazgo, al norte de la provincia de Castellón.

13 de junio. Las tropas nacionales del general Antonio Aranda ocuparon Castellón. Francia cerró la frontera con España.

16 de junio. Los nacionales liquidaron la bolsa en la que habían rodeado al Ejército Popular en Bielsa. El general republicano Vicente Rojo ordenó una ofensiva parcial del Ejército del Este.

26 de junio. La aviación nacional bombardeó Alicante.

Día 1y 2 de junio 1938, miércoles y jueves. Continúo en mi pueblo.

Día 3 de junio 1938, viernes. Emprendo mi viaje otra vez al frente, el cual lo hago por el mismo camino recorrido, hasta Miranda de Ebro (Burgos). Al llegar a esta estación, en vez de continuar por la misma ruta que vine, que hay que dar mucho rodeo, cojo otro tren y voy hasta Zaragoza. De aquí continúo en otro que va para Lérida y, a las 9 de la noche del día 5, llego a Barbastro (Huesca). Voy al ayuntamiento a pedir alojamiento, y me entregan un vale para que me alojara en una casa. Así lo hice, pasando la noche en la casa que me designaron.

Día 6 de junio 1938, lunes. Antes de que amaneciera, me levanto. Tomo el desayuno de la comida que traía en el macuto y me voy al puente, volado por los rojos, que hay a la salida de Barbastro. Nos juntamos varios del grupo que también regresan del permiso. Pasan muchos camiones, pero van cargados de municiones y no nos quieren llevar. A las 10 de la mañana, ya harto de esperar en el puente, me decido a ir a hablar a la central de ingenieros con mi grupo. Pido comunicación y hablo con el teniente Barrios, ayudante de mi comandante, y me dice que no puede mandar ningún camión a recogernos, que esperemos combinación. Pongo un telegrama a mis padres y otro a mi novia, diciéndoles hice bien el viaje. Vuelvo otra vez al puente y sigo en el plan de espera, hasta que por fin, a las 6 de la tarde, en un camión cargado de material de fortificación, me puedo subir y continuar mi viaje. A las 9 de la noche, llego al pueblo de Aínsa (Huesca), pero el camión no continúa. De este pueblo al frente hay 4 kilómetros. Yo, cargado con la maleta, macuto, capote y dos paquetes grandes para mis paisanos, me es imposible irme andando, pero mi compañero Miguel Calvente Andrade me mete en gana y, por fin, decidimos irnos andando hasta el grupo. Emprendemos la caminata, descansando a cada cuatro pasos y, por fin, a las 11 y media de la noche, pudimos llegar al frente. Yo voy completamente rendido del viaje tan largo y de los cuatro kilómetros que he venido andando, cargado hasta no poder más. Mis compañeros me reciben con muestras de alegría y en especial los que se tienen que marchar de permiso, al llegar los que venimos de disfrutarlo.

Día 7 de junio 1938, martes. Me levanto a las 5 y media de la mañana. Voy al río Cinca y me lavo. Entro de servicio en la central. Escribo a mis padres y a mi novia.

Día 8 de junio 1938, miércoles. Nos preparamos para una ofensiva. Mudamos el emplazamiento. La aviación, compuesta por 12 trimotores, bombardea varias veces a los rojos. Marcho de servicio al observatorio. Hay mucho movimiento de fuerzas muestras que llegan de refuerzo a las inmediaciones de las trincheras. Por la tarde, tiendo nuevas líneas telefónicas, enlazando con las baterías del grupo que han cambiado de emplazamiento.

Día 9 de junio 1938, jueves. A las 6 de la mañana, empezamos la ofensiva. El enemigo opone resistencia. Les hacemos muchos fuegos rápidos y la infantería avanzada. La aviación ayuda. Nuestra intervención dura hasta las 9 de la noche. Cada batería ha tirado sobre unos 1.500 disparos. Las posiciones tomadas son importantísimas y los pueblos de Laspuña, Ceresa, Plan y San Juan de Plan, Puyarruego, Belsierre y otros más. Yo, durante todo el día, no paro ni un momento de recoger las líneas que ya no sirven y tender otras nuevas, y en los diferentes servicios que se me encomiendan. Hace un día de bastante calor. Por la noche, a la luz de un candil, escribo una carta a mi novia y otra a mi hermano.

Día 10 de junio 1938, viernes. A las 6.20, rompemos fuego. Fueron tomados Los Mogotes y otras posiciones importantes. El avance tiene que ser a base de mucho fuego de artillería, pues los rojos no sueltan fácilmente sus posiciones.

Día 11 de junio 1938, sábado. Por la mañana, rompemos fuego. Por la tarde, llueve mucho y no se puede tirar. Yo me encuentro por el monte y me pongo calado hasta el hueso. La infantería apenas si ha podido avanzar nada. Al anochecer, hago una candela y me seco la ropa. Escribo a mis padres.

Día 12 de junio 1938, domingo. Mudamos las piezas a vanguardia, debido al avance y emplazamos. El pueblo de Escalona lo tenemos debajo, destrozado por los rojos. El puente de la carretera que cruza del río Cinqueta está volado. Recojo con el sargento Ferrater y los de mi escuadra la línea que va desde el observatorio de Muros de Bellos a Labuerda, y las de los antiguos emplazamientos. Se nos hace de noche y aún continuamos cargados hasta no poder más con el hilo recogido.

Día 13 de junio 1938, lunes. Poco dormimos y, antes de que amanezca, salimos la plana mayor a tender una línea de 14 kilómetros. Hay que enlazar con el puesto de mando de la División (general Iruretagoyena). Todos vamos cargados de hilo telefónico y además dos mulos. El terreno es muy rocoso y lleno de precipicios. Hay veces que creemos no poder continuar, pero a fuerza de trabajos vamos escalando los montes nevados. Con nosotros viene el teniente Barrios. A las 6 de la tarde, a través de las montañas, conseguimos llegar al puesto de mando del general, con la línea tendida. Yo voy desfallecido, y lo mismo todos mis compañeros. En todo el día hemos comido nada, pues no pensamos en traernos rancho en frío. No se me olvidará este trabajo realizado hoy, 14 kilómetros andando por encima de la nieve y a través de montañas desiertas y desconocidas, muchas veces rodando, por el mal estado del terreno. El puente que cruza del río Cinqueta es arreglado provisionalmente. Las baterías enganchan las piezas en los tractores a las 11 de la mañana. Cruzan por él, siguen adelante y, a la una de la tarde, emplazan. Comen y de seguida rompen fuego sobre las posiciones enemigas, que quedaron en nuestro poder. Nuestro comandante, al llegar nosotros al observatorio del general, está allí y siente mucho que en todo el día no hayamos comido nada. Ordena por teléfono venga un camión a recogernos y en él regresamos al emplazamiento de las baterías. A las 9 de la noche, entra por mi boca la primera comida del día. La jornada de hoy ha sido maravillosa y la aviación ha cooperado eficazmente a machacar los puntos de resistencia rojos. A las 10 de la noche, hago un candil con una lata de tomates y escribo a mis padres.

Día 14 de junio 1938, martes. A las 7.45, rompemos fuego sobre las posiciones rojas, infligiéndoles duro castigo. El objetivo a batir son los alrededores del pueblo de Tella. A la derecha del segundo monte, es un pico. En él se resisten los rojos, pero dura poco, por no poder resistir

76

los disparos de seis baterías (una del 15.5, dos del 100.17 y tres nuestras del 75/27). Huyen a la segunda posición, siguiéndoles nosotros con los disparos. Les echamos y huyen a la tercera, que domina el pueblo. Paramos el fuego. Por la tarde, antes de esta operación, es cortado el avance nacional por los nidos de ametralladoras rojos. Llevamos dos piezas a vanguardia y a bocajarro rompemos fuego sobre el enemigo, el cual tiene que huir. La infantería, bajo el fuego de las dos piezas, toma la posición. Se retiran las dos piezas y sigue la infantería hacia el pueblo, que es tomado de noche. Las posiciones tomadas son importantísimas, continuando el avance después de parar el fuego de artillería. Es tomado Tella, Lafortunada y dos pueblos más. Yo paso del día en los distintos observatorios, en la centralilla, y hablando por el heliógrafo con las posiciones de la infantería de vanguardia, las cuales nos ayudan a corregir el fuego de nuestras baterías. La aviación, la famosa «cadena», actúa muy bien. Es digno de contemplar las maniobras tan formidables que, en el día de hoy, se han realizado en nuestro avance. Los pueblos que tomamos están incendiados y casi destruidos. El personal civil, aterrorizado y hambriento, sale a recibirnos con muestras de entusiasmo, al verse al fin libres de la canalla roja.

Día 15 de junio 1938, miércoles. Sigue el avance. La artillería no puede actuar, pues no podemos seguir adelante, debido a haber volado dos puentes los rojos. La noche pasada casi no he podido dormir, con una descomposición muy grande en el vientre. A pesar de ello, voy por el monte con mis compañeros en los trabajos de quitar y poner las líneas de comunicación entre las baterías y los puestos de mando, que por tres veces son mudados más a vanguardia, debido al avance. Hace un calor hoy insoportable. La infantería tiene que pasar del río Cinca a nado, para ocupar Peña Solana, pues los puentes están volados. Un alférez se congestiona al entrar en el agua (pues acababan de comer); perdió el conocimiento y la corriente lo arrastró. En ese momento, me encuentro yo en el observatorio, en la central, y me ordenan avisar a los pueblos de Laspuña, Escalona, Labuerda y Aínsa, por donde pasa del río, para que salgan a ver si logran recoger el cadáver del alférez. Y en efecto, en Aínsa, después de haber sido arrastrado por la corriente unos 20 kilómetros, soldados de ingenieros lo recogen. Es tomado el pueblo de Bielsa y posiciones importantísimas. Y por fin llegamos a la frontera. Allí contemplamos los Tres Sorores (tres montañas iguales, altísimas, que terminan en pico). Están en todo tiempo cubiertas de nieve, muy conocidas y nombradas en la orografía de España. Hemos terminado el frente del alto Pirineo de Huesca. Por la noche, escribo a mi novia.

Día 16 de junio 1938, jueves. Día del Señor. Oímos misa de campaña, confieso y comulgo. Se acaba de explorar un poco de terreno (abandonado ya por el enemigo) y es enarbolada la gloriosa y santa bandera roja y gualda en la frontera francesa (así, cara a los franceses). A esta ceremonia estaban presentes el general Iruretagoyena, jefe de la 3ª División de Navarra, y el general Solchaga, general en jefe del Cuerpo Ejército de Navarra. Por lo tanto, queda extinguida y limpiada la célebre bolsa del Valle de Bielsa y Arán. ¡Viva España! ¡Viva Franco! Preparamos la marcha y regresamos al pueblo de Labuerda, donde dormimos. Escribo a mi hermano y a mis padres.

Día 17 de junio 1938, viernes. Descanso. Resumen del Valle de Bielsa. El terreno es abrupto, siendo una fortaleza para los rojos. Desde que se les hizo la bolsa, el grupo no tiene descanso, siempre tirando. Sus amigos los franceses les ayudan mandándoles víveres y municiones. En la bolsa, se encuentra la famosa entre los rojos 43ª División, con la que nos veremos las caras. El día que empezó la ofensiva final (día 9), les hicimos muchas descargas, más de 1.500 disparos por batería. El enemigo huye.

Las operaciones realizadas para batir a las fuerzas de la 43ª División roja, que se hallaba cercada en los altos valles del río Cinca y Cinqueta, han terminado con una gran victoria en el día de ayer, ocupándose como final de la operación los importantes pueblos de Bielsa, Parzán, Jabierre, Espierba y el sanatorio de Pineta, donde había muchos enfermos abandonados, algunos muertos en las camas y sin asistencia de nadie. El enemigo, favorecido por lo abrupto del terreno y disponiendo de gran cantidad de armas automáticas, trató de ofrecer resistencia, que ha sido vencida por nuestros disparos y el heroico comportamiento de nuestra infantería, que en ocasiones se vio obligada a echarlos de las trincheras con las puntas de las bayonetas. Ha huido por la frontera, abandonando gran cantidad de armamento, fusiles y otro material. Las fuerzas rojas han dejado arrasado a su paso todo, lo mismo pueblos, que los quemaban, que los puentes volados, presentando un aspecto desolador. Escalona y

Laspuña, todo destruido. Y los muy canallas colocaron bombas en acordeones, linternas, zapatos nuevos, guitarras y cosas por el estilo, que al ser tocadas por los nuestros explotaban. Algunos de los habitantes que han podido escapar de los rojos se han presentado, manifestando los enormes daños y atropellos sufridos, y que por las fuerzas rojas han sido evacuados a Francia la mayor parte de los habitantes, después de haber robado todo el ganado de la comarca.

Estas brillantes operaciones, realizadas durante seis días en la parte más dura del Pirineo, han obligado a realizar extremados esfuerzos, bajo intensos fríos y lluvias. Nosotros, llevando las piezas a lo alto de aquellos cerros, y los infantes, escalando y descolgándose desde alturas muy abruptas, utilizando cuerdas, bajo el fuego enemigo.

El generalísimo Franco nos concede la medalla militar colectiva, dándonos a conocer nuestro comandante tal orden, formando las baterías y la plana mayor, alabándonos por nuestro buen comportamiento. Hemos sido felicitados muchas veces, tanto por el general Solchaga como por el coronel Moliner. ¡Viva España! ¡Viva Franco! ¡Viva la 3ª División de Navarra!

Día 18 de junio 1938, sábado. Continuamos en Labuerda. Amanece un día hermoso de sol. Me baño en el río Cinca. La bandera roja y gualda es colocada solemnemente en la frontera de Espierba. En el diario *Heraldo de Aragón*, aparece un artículo que dice como sigue:

«Como colofón glorioso a las maravillosas operaciones realizadas por las fuerzas del general Iruretagoyena, en el Alto Pirineo aragonés, ayer, a las tres y media de la tarde, y en presencia de los generales Solchaga e Iruretagoyena, con sus estados mayores, la bandera de España fue colocada en la frontera de Espierba. Ante los soldados que presentan armas, sobre un mástil improvisado, se elevó solemnemente la bandera bicolor, ante la gendarmería francesa que miraba desde el otro lado con una mueca indefinible en la cara: quizá estupor, quizá rabia. Después del acto silencioso y sencillo, nuestra bandera fue saludada por los himnos cantados. A las once de la mañana, se terminaron las operaciones. La bolsa del Alto Pirineo había quedado limpiada en seis días y con ello recuperaba España 2.400 kilómetros cuadrados de su tierra. Los soldados de Iruretagoyena habían avanzado en una profundidad de 40 kilómetros, por montes nevados, de 2.000 y 3.000 metros de altura, salvando precipicios horrorosos y venciendo una resistencia que se ha hecho tenacísima en algunos puntos. La medida de heroísmo de nuestros soldados la da la visión clara de nuestro generalísimo, que ha concedido la medalla militar colectiva a toda la División y ha enviado al general Iruretagoyena un telegrama efusivo, felicitándole por su rápido y rotundo triunfo. Han pasado a Francia los incendiarios del Valle de Bielsa. Casas saqueadas y destruidas, centrales eléctricas voladas sin finalidad y por el solo placer de destruir, ruina, desolación, vandalismo por todas partes. He aquí lo que han dejado esas gentes a su entrada en Francia, eso que constituye un estigma para el Frente Popular francés. Durante dos meses la tan cacareada División 43ª, sitiada en el Valle de Bielsa, recibió de Francia víveres, municiones y armamento. Pueblos franceses de los Pirineos fueron la base de aprovisionamiento de estas hordas marxistas.»

Día 19 de junio 1938, domingo. Oímos misa de campaña. Tenemos un rancho extraordinario, con vino, coñac, dulces y puros a todo pasto.

Día 20 de junio 1938, lunes. A las 7 de la mañana, me llama mi comandante y me dice que tengo que marchar a hacer unos cursillos de radiotelegrafista al pueblo de Ballobar (Huesca), con otros cuatro más de la plana, Miguel García García, Manuel Fernández Navarro, Juan Eslava Blancat y Miguel Calvente Andrade. Salimos seguidamente en un camión que nos lleva hasta Binéfar (Lérida). Esperamos en la Comandancia Militar con otros muchos más que ya habían llegado con el mismo objeto que nosotros. A las 5 de la tarde, un teniente de artillería que tiene que hacerse cargo de nosotros nos dice que no ha podido conseguir camión para transportarnos a Ballobar, que nos fuéramos en los camiones que pasaban por la carretera. Pasa una caravana de camiones y en ellos nos vamos hasta Almacellas (Lérida). Nos presentamos en el cuartel general del Cuerpo de Ejército de Castilla, a pedir un camión que nos lleve a Ballobar, y un comandante de estado mayor nos dice que esperemos en el cuartel de la Guardia Civil (a las afueras del pueblo), que allí irá el camión a recogernos. A esto son las 8 de la noche. Compro conservas y en unión de mis compañeros ceno en la puerta del cuartel de la Guardia Civil. Pasan las horas y el camión no aparece. Por fin, a la una de la madrugada del día 21, se presenta el camión a recogernos. Montamos en él y emprendemos la marcha, llegando a Ballobar a las 4 de la mañana.

Voy rendido por el sueño y no nos tienen preparado el sitio para dormir. Lo que hago es tenderme en el zaguán de una casa, liado en la manta, y a dormir.

Día 21 de junio 1938, martes. Amanece y sin gran pereza dejo la cama (pues no pega mucho la gana quedarse en ella). Nos alojan en las casas del pueblo y nos dicen que mañana empezaremos la clase prácticamente, con los aparatos de radio. Este pueblo es bastante grande, pero no hay mucha gente, pues, al ser liberado, los rojos obligaron a marcharse con ellos a la mayoría del vecindario. Por el lado del pueblo pasa el río Alcanadre, que un poco más abajo se une al río Cinca. En las riberas de estos dos ríos hay muchas huertas con árboles frutales. Me baño en el río Alcanadre y después escribo a mis padres, a mi hermano y a mi novia.

Día 22 de junio 1938, miércoles. Empezamos el cursillo de radio. Los profesores son alemanes. El jefe de la escuela es un comandante. Además hay varios tenientes, alféreces y brigadas. Desde hoy, todos los cursillistas del Cuerpo Ejército de Navarra (unos 25) comemos juntos. Por las mañanas va un cabo y dos artilleros en un camión a Fraga (Huesca) por el suministro. (En este día, se traslada mi grupo desde Labuerda, donde me lo dejé yo, a Barbastro, donde pernocta.)

Día 23 de junio 1938, jueves. Escribo a mis padres. Salimos al campo con los aparatos de radio, por la mañana de 8 a 11, y por la tarde de 2 a 5.

Día 24 de junio 1938, viernes. Día de San Juan, patrono del pueblo. En lo alto del monte que se eleva al lado del pueblo está la ermita de San Juan, con los altares destruidos por los rojos, que quemaron, en los primeros días del movimiento, todos los santos. El párroco del pueblo es hijo de este. Me levanto temprano y voy a la iglesia a oír misa y a confesar y comulgar. Me encuentro por la calle con el cura y me voy con él hacia la iglesia. Por el camino me dice que todos los años se celebraba una misa cantada en la ermita y que este año no iba a poder ser, por no tener altares ni nada. Yo, hablando en nombre de mis compañeros, le propuse que, si quería, le podíamos ayudar a arreglar un altar improvisado y celebrar la función. Me lo agradece mucho y quedamos en subir, en cuanto termine de decir la misa del pueblo, a la ermita de San Juan. Así lo hacemos, y entre mis compañeros, el cura, su sobrina y yo subimos a la ermita los ornamentos, candelabros, velas, misal y todo lo necesario para hacer el altar. Apañamos el altar y después me subo a la torre y me pongo a repicar. Todo el pueblo sube el monte arriba a la función. A las 10, empieza la misa cantada, que se la ayudamos entre mi compañero Juanillo Eslava (que ha sido monaguillo de su pueblo) y yo. Después de la misa, hubo la bendición de la iglesia y salió el rosario cantado por los alrededores de la iglesia o ermita. Una vez terminadas todas las ceremonias, el padre cura nos manifestó su agradecimiento, y nos dijo que no había visto nunca unos artilleros tan apañados como nosotros ni tan serviciales. Este día, por ser fiesta del pueblo, no vamos de prácticas por el campo con las radios. (El grupo mío sale de Barbastro para Teruel, y de allí para el frente, dirigiéndose a un pinar donde esperan órdenes.)

Día 25 de junio 1938, sábado. Sin nada de particular. Salimos al campo con las radios. La estación mía la monto en un pueblo cercano, llamado Zaidín, y consigo muy pronto enlazar con la otra estación de radio con quien yo tengo que hablar, que está a 10 kilómetros de distancia. Al mediodía, me refiero al río Alcanadre. Escribo a mis padres.

Día 26 de junio 1938, domingo. Por la mañana, voy en camión con dos artilleros a Fraga, al Parque de Intendencia, por el suministro. Por la tarde, a las prácticas de radio. Escribo a mi novia. (El grupo mío continúa en el pinar delante de Teruel.)

Día es 27 al 30 de junio 1938, de lunes a jueves. Nada de particular. Sigo con las prácticas de radio, la cual la manejo ya perfectamente. Por las tardes, voy al rosario. El 29, día de San Pedro, ayudé la misa cantada en la iglesia del pueblo. Después de la misa, fui con mis compañeros a bañarnos al río Alcanadre. (Mi grupo se traslada a otro pinar, que está 10 kilómetros antes de llegar a La Puebla de Valverde, Teruel.)

JULIO DE 1938

---

13 de julio. El general Varela inició las operaciones para acabar con la bolsa de resistencia del Ejército rojo de Mora de Rubielos, muy fortificada.

16 de julio. El Ejército Nacional rompió el frente de Mora de Rubielos.

19 de julio. En Extremadura, se inició una ofensiva nacional para reducir la bolsa de Don Benito.

24 de julio. Queipo de Llano tomó Don Benito, Villanueva de la Serena y Castrena.

25 de julio. Dio comienzo la batalla del Ebro. En la madrugada, siete Divisiones del Ejército Popular cruzaron el río por varios puntos. Su objetivo era tomar la vital zona de Gandesa y, en caso de éxito, proseguir hasta Vinaroz y unificar de nuevo las dos zonas republicanas.

26 de julio. El Ejército Popular avanzó por el Ebro y recuperó Mora de Ebro.

28 de julio. La ofensiva republicana se detuvo. El teniente coronel Manuel Tagüeña, al frente de XV Cuerpo de Ejército, atacó inútilmente Gandesa.

30 de julio. Se iniciaron los combates en la sierra de Pandols, provincia de Tarragona. Nevos ataques del Ejército Popular contra Gandesa y Villalba, pero sin éxito.

Día 1 de julio 1938, viernes. Recibo un telegrama de mi grupo, diciéndonos que, al terminar el cursillo, nos incorporemos a Teruel, calle San Juan, número 35 (representación del grupo). Voy al campo con las radios por la mañana. Por la tarde, hay unas ceremonias de la exposición del crucifijo en las escuelas. Y desfilamos todos los cursillistas en formación y las muchachas de Falange, por las calles del pueblo. Tenemos baile en un salón muy grande. Escribo a mis padres.

Día 2 de julio 1938, sábado. Voy al pueblo de Velillas del Cinca, a 8 kilómetros de Ballobar, donde instalo mi estación de radio y me pongo a comunicar con mi compañero, que se quedó instalado en Ballobar. El cura de este pueblo me regala una medallita bendecida por el Papa santo, por haberle ayudado varias veces la misa. Por la tarde, voy a la huerta de la familia de la casa donde duermo con mis compañeros de la plana, pues nos convidan a ir a comer fruta, que hay mucha. Por la noche, escribo a mi novia. (Mi grupo opera en el frente de Teruel.)

Día 3 de julio 1938, domingo. Oigo misa. Después, marcho a las prácticas con la radio al campo. Por la tarde, cuando regreso del campo, voy un rato al baile. Escribo a mi hermano. (Mi grupo sigue de operaciones por el frente de Teruel.)

Día 4 de julio 1938, lunes. Hoy es el último día de cursillo de radio. Viene a examinarnos un teniente coronel alemán, que quedó admirado de nuestro provecho en los cortos días de cursillo. Nos sacan fotos con los aparatos de radio. Por la noche, viene un general al pueblo y hay un gran banquete en la plaza, en obsequio a dicho general, al teniente coronel Alemani y otros jefes y oficiales. Después de banquete, hubo un gran baile en la plaza, tocando una banda de música militar que ha venido de Fraga con el general.

Día 5 de julio 1938, martes. Nos llevan a todos los cursillistas en camiones a Zaragoza, a pasar el día como despedida de los cursillos. Salimos antes de amanecer. Llegamos a las 11 de la mañana. Lo primero que hago es ir con los compañeros míos de la plana mayor a ver a la Virgen del Pilar, y oímos misa. Veo las bombas que la aviación roja tiró al Pilar y que no estallaron. Están puestas a los pies del altar de la Pilarica. Después, nos salimos a pasear por Zaragoza. Almorzamos y después vamos al río Ebro, y nos paseamos por él en una de las barquillas del famoso Tío Tino. A las 7 de la tarde, salimos otra vez para Ballobar, llegando a la una de la madrugada.

En la centralita, julio de 1938.

Día 6 de julio 1938, miércoles. Por la mañana, en camiones salimos para Tremp todos los cursillistas del Cuerpo Ejército de Navarra. Se hace el reparto de las radios entre las Divisiones de dicho cuerpo de ejército. De la 3ª División de Navarra somos nosotros cinco de mi grupo, pero, como mi División está tan lejos (en el frente de Teruel) y con las radios (dos estaciones), que son cuatro cajas de 18 kilos, más nuestro equipaje, nos es imposible cargar para transportarlas a tantos kilómetros de distancia. Nos dice el señor coronel de la comandancia principal del Cuerpo

Ejército de Navarra que marchemos a nuestro grupo y le digamos a nuestro comandante que mande por ellas con un camión. Cenamos y, ya anochecido, salimos en un camión que nos facilitaron en la comandancia principal de artillería, llegando a Binéfar en la madrugada del día 7.

Día 7 de julio 1938, jueves. A las 6 de la mañana, salimos en tren para Zaragoza, a cuya capital llegamos por la noche. Hacemos transbordo y, en otro tren, salimos para Teruel.

Día 8 de julio 1938, viernes. A las 5 de la mañana, llegamos a Teruel (todo destruido, da pena verlo). Nos dirigimos a la calle San Juan, a la representación de nuestro grupo, y nos encontramos un papel pegado en la puerta, indicando se había trasladado a la plaza del Torico, nº 1. Vamos allí y, en efecto, nos encontramos con el sargento de la plana mayor Díez Ortiz. (Yo estoy cansadísimo. Llevo dos días viajando cargado con el equipaje y sin dormir nada.) Amanece y en un camión salimos hacia el frente a incorporarnos al grupo. Me presento a mi comandante y le doy la novedad que traigo. El frente está animadísimo, con mucho fuego de artillería y aviación. El traqueteo de las ametralladoras es grande. Las balas rojas pasan por encima de nosotros. Viene nuestra aviación (labor magnífica). 12 trimotores en perfecta formación dejan caer centenares de bombas. Luego, los cazas en cadena les ametrallan. A las 9.15, aviación roja aparece: 11 trimotores escoltados por una banda de cazas pasan por encima de nosotros. Los antiaéreos tiran y los aparatos, viéndose perdidos, descargan antes de llegar donde estamos. A las 3.45, once «ratas» nos ametrallan, sin causarnos ninguna baja. Llega la noche. El avance ha sido grande. Se ha roto el frente y tomado al enemigo las posiciones que el mando señaló. Los tanques han operado muy bien. Entre los objetivos tomados están el Cerro Atalaya, Cerro Erizal, Peña Blanca, Alto de la Molina, El Estopar, Fuente Enebrosa, cota 121 y otras.

Día 9 de julio 1938, sábado. A las 4 de la madrugada, nos levantamos, enganchamos las piezas y adelante. Emplazamos y se rompe fuego. A las 9.30, viene la aviación roja, en número de unos 30. Los antiaéreos tiran. Uno de los trimotores nos parece va a caer, pero se endereza y huye con los otros, pasando por encima de las baterías. Dan la vuelta y, sin haber tirado, huyen. Llega la tarde. No podemos tirar más, pues, debido al avance, no alcanzamos al enemigo, y avanzar las baterías no se puede. Por la tarde, volvemos al emplazamiento del día anterior, para esperar allí la orden de salida para otro sitio. El avance ha sido mayor que el del día anterior. Se ha tomado la ermita de Cubla, Muela del Cascante, Aldehuela, Vértice Ramas, Morrón de Quiles, Masía del Masejo y otras. Las baterías han hecho más de 500 disparos cada una. Un compañero me entrega 27 cartas que han llegado para mí, mientras he estado haciendo los cursillos. Por la noche, a la luz de un candilillo, escribo a mis padres. Dormimos como se pudo.

Día 10 de julio 1938, domingo. A las 3 de la madrugada, nos levantamos y nos dirigimos con las piezas al pueblo de Cubla. Emplazamos y rompemos fuego. Las baterías rojas nos buscan todo el día, sin conseguir dar con nosotros. Aparece la aviación roja. Vienen derechos a las baterías. Oímos el silbido de las bombas y nos agachamos, cayendo por detrás nuestro en las primeras casas del pueblo (Cubla), tocándole la metralla a la población civil que quedó al huir los rojos. Se marchan, volviendo al poco rato, pero no hacen nada. La tercera vez, son todo «ratas». Empiezan a ametrallar, sin causarnos nada. Los tanques les tiran, y los moros con sus fusiles y ametralladoras. Huyen (vamos teniendo más vidas que un gato). La cuarta vez que vienen, son trimotores y cazas. Los antiaéreos les tiran, consiguiendo derribar un trimotor. Antes de oscurecer, a las 8.30, nos llevamos las baterías a la carretera de Teruel, con el fin de hacer noche allí y seguir el avance al otro día. El avance del día de hoy ha sido profundo, ocupándose Villastar y macizos que dominan el pueblo, así como todos los objetivos situados a la margen izquierda del río Turia. Continuamos rápido el avance hacia Villastar, quedando este pueblo dominado. Todo el día lo he pasado sin un momento de sosiego.

Día 11 de julio 1938, lunes. Al amanecer, nos levantamos y nos dirigimos buscando emplazamiento. Emplazamos. Aparece la aviación roja: trimotores y cazas. Nos tiramos al suelo y oímos el silbido de las bombas, las cuales caen al otro valle, a 200 metros de nosotros. Los antiaéreos tiran y huyen. Vuelve a aparecer y entonces fue cuando las pasé negras, pues me cogió en un llano recogiendo una línea telefónica, sin ramas de árboles de ninguna clase. Me tumbé boca arriba y esperé lo que iba a suceder. Unos 23 cazas empiezan a ametrallar. Les tiran los antiaéreos y ametralladoras de la infantería, siendo derribado un «rata». Se marchan. La batería roja está tirando. Nosotros observamos de dónde salen los disparos. Desde la una del mediodía, tres cazas nacionales están volando en servicio de vigilancia. Aparece la aviación roja: trimotores y cazas en cantidad. Los tres nuestros se despliegan y les atacan. Ha empezado el combate. Dura unos 20 minutos, en los cuales nuestros cazas se han portado valientes, haciendo huir a los rojos, que, después de haber tirado las bombas al tuntún, huyen, quedando los tres nuestros dueños del aire. Son las 6 de la tarde. Están volando por encima nuestro. Estamos preparando para salir el grupo. El avance ha sido grande. En el combate aéreo, han sido derribados un trimotor y un caza rojos. Y por las baterías antiaéreas, tres aparatos, de los cuales dos cayeron incendiados en nuestras filas. A las 8.30 de la noche, enganchamos las piezas y nos dirigimos, pasando por Teruel, a un pinar sito en los alrededores de la estación del puerto de Escandón. El avance de hoy ha sido por la margen derecha del río Turia. Hacen unas calores tremendas y por este terreno no encontramos agua. Pasamos mucha sed y ni lavarnos podemos.

Día 12 de julio 1938, martes. A las 6 de la mañana, nos dirigimos con las baterías a un pinar situado entre La Puebla de Valverde y Sarrión (Teruel). Camuflamos las piezas y esperamos nueva orden de marcha. Estamos a la derecha de la carretera de Teruel-Valencia, en el kilómetro 25. La artillería roja nos tira. La aviación nos bombardea, sin novedad. A las 11 de la noche, nos trasladamos a la posición a la derecha de la cota 1.441, próxima a la Muela de Sarrión (Teruel), llegando a la posición a las 4 de la mañana del día 13.

Día 13 de julio 1938, miércoles. A las 5 de la mañana (no había hecho nada más que tenderme a descansar un poco), me llama mi comandante a su tienda de campaña y me dice que en un camión el cabo García y yo tenemos que ir a Tremp a recoger los aparatos de radio, que hacen falta para las operaciones. Emprendemos de seguida el viaje. Vamos por pista, hasta que llegamos a la carretera general. Una vez en esta, el chófer mete velocidad al camión. Siempre vamos de 80 a 90 por hora. Infinidad de pueblos quedan atrás. (Queremos hacer el viaje en un día, cosa que es casi imposible.) Pasamos por Teruel y continuamos sin pararnos. A las 11, llegamos a Zaragoza. Paramos un momento (unos 25 minutos), almorzamos y yo aprovecho este momento y la oportunidad de que estamos a la puerta de un estanco. Compro dos tarjetas postales, a las escribo con lápiz y mando una para mi casa y otra para mi novia. Continuamos viajando. Un poco antes de llegar a Huesca, tenemos un choque con otro camión. No fue muy fuerte, y por eso no hubo consecuencias desagradables. Seguimos adelante y en Huesca paramos unos minutos, para tomarnos una cerveza en un bar que da a la carretera. Y nos montamos seguidamente en el camión, continuando. El chófer parece loco, según le mete de velocidad. Así recorremos kilómetros y más kilómetros y, a las 7 de la tarde, llegamos a Tremp. Nos dirigimos a la Comandancia General de Artillería, del Cuerpo Ejército de Navarra, situada a la salida del pueblo, en unos hotelitos al lado de la central eléctrica, y nos entregan los aparatos de radio. Consulto con mi compañero el cabo García sobre lo que debemos de hacer, si pasar la noche en este pueblo y descansar, o regresar al grupo. Pero los dos coincidimos en que sin pérdida de tiempo debíamos regresar al frente, pues, estando nuestros compañeros allí padeciendo las fatigas de los días de operaciones que están en todo su apogeo, también debíamos nosotros seguir sacrificándonos y emprender nuestro viaje de regreso, para llegar con las estaciones de radio lo antes posible (aunque no deja de ser un atrevimiento continuar el viaje sin dormir). Así lo hacemos. A poco de nuestro camino se nos echa la noche encima. Para distraer el sueño, nos ponemos a cantar la copla de «Soy el novio de la muerte». Yo el presentimiento que llevo es que le dé sueño al chófer y en una curva vayamos a dar con los huesos en lo hondo de algún barranco. Viajando sin parar, nos amaneció el día 14, entre Zaragoza y Teruel.

Día 14 de julio 1938, jueves. A las 11 de la mañana, llegamos al grupo. Mi comandante, al vernos tan pronto de regreso con las radios, se quedó admirado. Son 600 kilómetros los que hemos recorrido de ida y otros tantos de vuelta. Total 1.200 kilómetros en 30 horas, sin dormir ni parar nada más que para coger gasolina. Hay grandes explosiones en todo el frente (parece que se hunde el mundo). Se sigue avanzando. A la una de la tarde, marcho al observatorio con la radio a las espaldas. La otra radio queda en el emplazamiento de las baterías. Aparece la aviación roja. Hay combate y huyen. La labor de nuestra aviación es formidable. Las cuadrillas de trimotores nacionales y cazas son dueños del aire. Bombardean y la famosa cadena de seis ametrallan a los rojos. Con clave, mando los datos de tiro para las baterías. Rompemos fuego sobre las cotas 108 y líneas de fortificación inmediatas a ella. Vemos cómo cada vez que viene nuestra aviación bombardea más lejos. Han llegado a verse 21 Junkers y 30 cazas. A las 5.15 de la tarde, viene la aviación roja. Encima de ellos y en menor número, una escuadrilla de cazas nuestra está de vigilancia. Se entabla combate. El cielo parece un hormiguero de tantos aparatos, con lo que se recrean nuestros ojos al ver la agilidad y valor de los nuestros. Allí uno entabla combate con seis «ratas»; otro, peleando con tres, etc. Un «rata» baja a toda marcha, huyendo. Uno nuestro le sigue, se mete en terreno nacional (cosa rara que el «rata» huya hacia nosotros). Al rato, aparece el nacional y el «rata» no lo vemos por ninguna parte, así que es seguro que ha caído. Tiran los rojos sobre el observatorio. Nos llueven los pepinos, cayendo por todos lados. A unos 10 metros de donde estoy con la radio, cae uno, pero no explota (menudo susto). Otro, a la izquierda, choca con un árbol y tampoco explota. El avance ha proseguido en varios kilómetros de profundidad, siendo tomados los pueblos de Sarrión y Manzanera y muchas posiciones, entre ellas Masía de los Morales, Morales de Abajo, Masía del Agua, Masía del Cerrajero, cotas 127 y 1.220. Se cruzó por varios puntos la carretera de Manzanera a Albentosa, y también se cruzó el río. De noche enganchamos las piezas y vamos al emplazamiento del día anterior, para que desde allí marchemos a la carretera de Valencia. Pernoctamos. Yo estoy rendido de cansancio y sueño; sin embargo, primero escribo a mis padres y a mi novia.

Día 15 de julio 1938, viernes. Al amanecer, nos levantamos, pero llegan las 10.40 y todavía no sabemos nada de salir. A las 2 de la tarde, enganchamos las piezas en camiones y nos dirigimos al pinar del día 8, a cuatro kilómetros de La Puebla de Valverde. Aviación roja vuela por encima, bombardeando más adelante. A las 5.30 de la tarde vuelve la aviación roja. Los antiaéreos tiran y no les dejan pasar. A las 9.30, salimos, llegando a las 5 de la mañana a un bosquecillo, en el frente, donde quedamos esperando órdenes. El avance de este día ha sido bastante grande, ocupándose muchas posiciones, entre ellas el Espolón de Alcotas, pueblo de Alcotas y Albentosa, llegando hasta El Toro (Castellón). Hemos pasado un día de muchísimo calor y mucha sed, por no encontrar agua por estos campos. Durante esta noche pasada, que hemos estado caminando sin parar, he perdido los dos macutos que llevaba con mis cosas, que eran las siguientes: cuatro pares de calcetines, unos calzoncillos blancos, una camiseta, unos pantalones de militar caqui, cuatro pañuelos, un gorro, un mono azul, una toalla, jabón de la cara, un cepillo y pasta para los dientes, la maquinilla, jabón y brocha de afeitar, un paquetito de cuchillas, un vaso de aluminio, un peine, dos tacos de jabón de lavar ropa, cincuenta cartas en blanco, muchas cartas de las que tenía recibidas, hilo y agujas y unas alpargatas. En fin, todo lo he perdido y, en este momento, me encuentro nada más que con la ropa puesta, que está sucia, pues, desde que me la puse el día que me vine de Ballobar (hace 19 días) no me la he mudado. Estoy deseando de poder llegar a un sitio que haya agua, para poderme lavar un poco. Estoy que no hay quien me conozca de sucio. Ya anochecido, escribo a mi novia.

Día 16 de julio 1938, sábado. Son las 9 de la mañana y aún esperamos órdenes de salida para emplazamiento, sito encima del pueblo de Manzanera. La carretera está batida por la artillería roja, la cual nos tira. Paramos para dar vuelta y avión rojo pasa por encima de nosotros, sin tirar. Damos vuelta y vamos atrás, parando en una curva. Otra vez vuelta y al emplazamiento. Damos otra vez vuelta, pues caen muchos proyectiles, y vamos para atrás, parando en otra curva. Allí enganchamos las piezas en tractores y, por última vez, nos dirigimos al emplazamiento. Terminamos de hacer el emplazamiento y aviación roja aparece y ametralla. La artillería roja también nos tira, primero uno, luego otro y después por descargas, describiendo los pepinos una media circunferencia, quedando nosotros en medio. Son ahora las 8 de la noche. Pensamos marchar a otro emplazamiento. A las 8.30, con las piezas en tractores, nos dirigimos a un montecito a unos 500 metros del primero y más desenfilado de la artillería. Los infantes siguen avanzando. Estoy muy cansado y con un sueño terrible, pues llevo varios días que no duermo, constantemente caminando de día y de noche.

Día 17 de julio 1938, domingo. Antes de que amanezca, marcho al observatorio Muela de Sarrión, con las radios. Voy con mi comandante, el teniente ayudante y otros de la plana. A las 6.30 de la mañana, la aviación roja viene y enseguida se marcha. Artillería roja nos tira. Observamos para descubrirla, pero no conseguimos dar con ella. A las 5.30 de la tarde, enganchamos las piezas en camiones y nos dirigimos al bosque del día 15. Enganchamos las piezas en camiones y nos dirigimos al sector de Toro. Otra noche más sin dormir. Creemos no poder resistir más.

Día 18 de julio 1938, lunes. III Año Triunfal. Al amanecer, llegamos a una casa delante del pueblo de El Toro y emplazamos. Recibimos orden de salir y, a las 11 de la mañana, con las piezas en camiones nos dirigimos por delante de El Toro a la derecha de la carretera de Sagunto, a unos cuatro kilómetros del pueblo. La artillería roja bate la carretera, haciendo muchas descargas. Emplazamos y rompemos fuego. Aparece la aviación roja y ametralla. La artillería roja también tira. Un trimotor nuestro cae. No importa, pronto quedará vengado. El avance es rapidísimo y el enemigo ha sufrido muchas bajas. Donde más hemos batido con fuego de artillería ha sido sobre el pueblo de Bejís-Torás y estribaciones de Peña Salada. Por la mañana, cuando entramos en posición, estábamos casi copados, logrando la infantería, en su gran avance, alejar al enemigo.

A las 12 del día, la artillería roja concentra el fuego de una batería sobre el observatorio del general, donde me encuentro con la estación de radio. Hace algunas víctimas, entre ellas un teniente de estado mayor, que fue destrozado por un proyectil. A doce metros de mí, explotó uno, hiriendo en la cara a mi compañero Gonzalo Aguilar Moreno, que está sentado a mi lado. Siguen tirando, unas veces más cerca y otras más retirado, hasta que anochece. No sé cómo en este día he escapado con vida, con el fuego que hemos tenido que aguantar. Paso la noche en el observatorio.

Día 19 de julio 1938, martes. Me amanece en el observatorio. Está clareando el día y yo hablando por radio con la otra estación, que está en el emplazamiento de las baterías, dándole datos de tiro para los objetivos que hemos de batir. Temprano rompemos fuego. Artillería roja tira. A las 12.30, mientras comemos, aparecen aparatos rojos y nos ametrallan (no hubo ninguna desgracia). Son las 6.45. Hace una hora que nos está buscando la artillería roja. El 15.5 nuestro se encarga de contestarle y otra batería del 10.5. Tres pepinos pasan por encima de nosotros, bien en dirección, pero se van largos. Nuestro fuego, durante el día de hoy, ha sido a las estribaciones de El Toro y pueblo de Bejís. La ropa que tengo está destrozada y sucia hasta no poder más, pero no tengo para mudarme. Las barbas y la cara sucia completan en mí el verdadero tipo de un mendicante. También empiezo a ver por mi cuerpo los célebres «trimotores», compañeros inseparables nuestros. Con la vida esta que llevamos, día tras día tirados por estos campos, no hay más remedio que estar llenos de miseria (menos mal que esta clase de piojos no se pegan a la cabeza). Escribo a mis padres y a mi novia.

Día 20 de julio 1938, miércoles. La 7ª batería del 1º Pesado, que forma parte de nuestro grupo, se marcha para Fraga. En su lugar, viene la 30ª batería de montaña del 3º Ligero. Me cambio con mi compañero García. Él sube a la radio del observatorio y yo bajo a la del emplazamiento de las baterías. A las 7.30, rompemos fuego sobre el pueblo de Bejís. Baterías rojas nos buscan, cayendo los proyectiles más cerca que ayer. Son la 1.30 de la tarde y ha venido dos veces la aviación roja. En la batería que está a mi izquierda cae un proyectil rojo y sale ardiendo la munición que está apilada. Hay varios muertos carbonizados y bastantes heridos. Los tanques rojos hacen aparición y les tiramos. También por la tarde, estamos tirando hasta que se hace de noche. En el día de hoy, el avance ha consistido solo en rectificaciones a vanguardia. El comandante ordena que me den del vestuario de la plana un par de calcetines, unos calzoncillos blancos, un pantalón y camisa caqui. Y al fin, consigo poder mudarme de ropa.

Día 21 de julio 1938, jueves. Sigue el avance. Rompemos fuego temprano. A las 4 de la tarde, cae un solo pepino en la 4ª pieza de la batería que ayer le ardió el polvorín. Tiramos sobre el pueblo de Bejís y posiciones defensivas, y sobre las estribaciones de la Sierra de Toro, tomándoles la posición de Loma Verde. Rechazamos con nuestros fuegos cinco contraataques enemigos sobre nuestra posición últimamente conquistada. Sus tanques tuvieron que huir. Les hacemos muchas bajas. La artillería roja tira, buscándonos. Desde que amaneció, me encuentro en el observatorio. En los ratos que no comunico con la radio, voy escribiendo a mi novia una carta, en contestación a otra suya, que un compañero me ha subido aquí al monte. Paso la noche en el observatorio.

Día 22 de julio 1938, viernes. A las 8, rompemos fuego sobre las estribaciones de la Sierra de Toro y alrededores del pueblo de Bejís, disolviendo concentraciones enemigas y rechazando un contraataque en el que los rojos perdieron muchos hombres. La artillería roja tira y un caza nos ametralla. Desde el observatorio, presencio el ataque rojo a nuestras trincheras, que no les sirvió nada más que para que les hiciésemos muchas bajas.

Día 23 de julio 1938, sábado. Servicio de campaña y vigilancia. Por la tarde, bajo del observatorio y estoy en el campamento de la plana.

Día 24 de julio 1938, domingo. Por la mañana, oímos misa. Después, recogemos todas las líneas telefónicas que tenemos tendidas. A las 14 horas, nos trasladamos a las inmediaciones de La Estación de Bejís-Torás, junto a la línea del ferrocarril de Teruel a Sagunto y Valencia. Entramos en posición a las 16 horas, junto al disco de señales de 700 metros de la citada Estación. El 12.40 nos tira. Llegan al grupo unos pocos de quintos de la quinta de 1940, y entre ellos un paisano mío, Antonio Sánchez Pérez. Poco antes de anochecer, contesto a una carta de mi novia. Duermo al lado de la vía.

Día 25 de julio 1938, lunes. Es día de Santiago. Al amanecer, al lado de las piezas, oímos misa. Después, vamos los de la plana a tender una línea telefónica a un monte situado a vanguardia y a la derecha de nuestro grupo, donde ponemos un observatorio desde el que dominamos perfectamente las posiciones rojas, y que llamamos por «observatorio de la derecha». Por la tarde, empiezo a hacerme una chabola en el campamento, con mi compañero José Pascual Carrasco y Manuel Adorna Ramos. Escribo a mis padres. Las baterías, en servicio de campaña y vigilancia. Hemos parado el avance y estamos de posición.

Día 26 de julio 1938, martes. Servicio de campaña y vigilancia. El capitán Durban, de la 33ª batería, elige otro observatorio en lo alto de un monte a la izquierda del emplazamiento, a un kilómetro a vanguardia, y voy con mi escuadra y el cabo García con la suya a tender otra línea, denominándolo por el nombre de «observatorio de la izquierda». Sigo construyendo mi chabola. Contesto a una carta de mi hermano y otra de mi casa. Hago una descubierta sobre mi ropa, cogiéndome 28 «trimotores» (todos los días es igual).

Día 27 de julio 1938, miércoles. Voy a tender otra línea a un observatorio que ponemos en las trincheras de infantería, en primera línea, en la posición de «La Seta». Cuando estamos cerca de las trincheras, nos hacen muchos disparos de ametralladoras los rojos, pasando las balas silbando por encima de nosotros. A las tres de la tarde, regresamos al campamento. Almuerzo y contesto a una carta de mis padres. Termino de hacer mi chabola. Las paredes son de piedra y el techo de una lona. A las 20 horas, rompemos fuego contra concentraciones enemigas que atacan nuestras posiciones de Loma Quemada, al norte del pueblo de Bejís, siendo rechazado el ataque, con grandes pérdidas para el enemigo. Sus tanques tuvieron que huir vertiginosamente. A las 22.15, paramos el fuego.

Día 28 de julio 1938, jueves. Entro de servicio en la central con mi escuadra. La central la tenemos en una chabola al lado de donde están emplazadas las baterías. Contesto a una carta que he recibido de mi novia. Rompemos fuego sobre objetivos La Roca y Castillo de Bejís. A la una de la madrugada, arde un camión que está cargado de municiones, y también un tractor. Son bombas de mano y proyectiles del 75/27. Dura una hora y media. Cae la metralla donde estamos nosotros, atravesando chabolas. Todos corremos a alejarnos de aquel lugar, pues, al explotar los proyectiles, forman una verdadera lluvia de metralla. A ninguno nos ocurrió nada.

Día 29 de julio 1938, viernes. Servicio de campaña y vigilancia. Viene aviación roja, pero no tira. A última hora de la tarde, tira el 15 largo rojo. Hace un día de muchísima calor. Escribo a mis padres y les mando una foto que me hice el Labuerda, con mis compañeros formados para coger el rancho. A las 8 de la noche, empezamos a tender otra línea telefónica, desde nuestra centralilla a un observatorio que vamos a poner en una posición de infantería de primera línea, llamada El Espolón. Este trabajo lo hacemos de noche, pues terrenos batidos por el enemigo son los que tenemos que pasar, y, durante el día, no nos dejan las ametralladoras rojas. Cuando regresamos al campamento, después de puesta la línea, son las 2 de la madrugada.

Día 30 de julio 1938, sábado. Estoy de servicio en la central. Artillería roja tira. A las 5.30 de la tarde, rompemos fuego, parando a las 7. Casi anochecido, contesto a una carta de mi novia.

Día 31 de julio 1938, domingo. Pido permiso y voy andando cinco kilómetros, cerca del pueblo de El Toro, a lavar una muda de ropa. Me baño en agua estancada. Hace mucho tiempo que no podía bañarme. Termina el mes. El avance queda parado y estamos descansando en la posición del disco a 700 metros de La Estación de Bejís-Torás. En este mes, la artillería roja nos ha tirado bastante con el 15 largo (La Leona).

Los aparatos cazas nos han ametrallado. Había días que aparecían cinco veces. Pero ha terminado el mes con mucha suerte para nuestro grupo. El avance ha sido grande. Rompimos en Sarrión y, desde entonces, empezamos a mudar emplazamientos, casi siempre de noche, sin descanso ninguno, cosa que tampoco deseábamos. Nuestra ilusión era solo avanzar. Buenos apuros hemos pasado en este mes de julio de 1938. No se me olvidarán.

AGOSTO DE 1938

AGOSTO DE 1938

1 de agosto. Los cuerpos de ejército republicanos pasaron a la defensiva en el frente del Ebro, iniciándose así una terrible batalla de desgaste.

7 de agosto. El Ejército rojo se vio obligado a volver a pasar hacia atrás el río Ebro por Mequinenza, provincia de Zaragoza.

9 de agosto. En la ofensiva del río Segre, las tropas republicanas atacaron Balaguer (Lérida) y cruzaron el río.

10 de agosto. Los destacamentos nacionales, al mando de Andrés Saliquet, avanzaron por Extremadura.

11 de agosto. Continuaron los combates en la sierra de Pandols.

20 de agosto. Juan Yagüe acometió la ofensiva nacional en el Ebro con gran preparación artillera.

24 de agosto. Los nacionales avanzaron muy lentamente en el Ebro. Numerosas bajas en ambos bandos.

29 de agosto. En el frente de Extremadura, el Ejército Popular lanzó una ofensiva.

31 de agosto. En el frente del Ebro, la ofensiva nacional en la Venta de Camposines (Tarragona) fue contenida por el Ejército Popular.

Día 1 de agosto 1938, lunes. Servicio de campaña y vigilancia. Voy con el teniente Barrios de servicio al observatorio de la derecha. Me entretengo en escribir a mis padres. Observo el movimiento de camiones rojos y de la manera que están fortificando. Por la noche, no puedo dormir: Tengo la misión de anotar los camiones que circulan por las carreteras rojas de Bejís, Torás y Sacañet, que se ve fácilmente por las luces de los faros.

Día 2 de agosto 1938, martes. Bajo del observatorio. Me encuentro con una carta de mi casa y con un paquete que contiene un morral, una caja de carne membrillo y dos tripas de salchichón. A las 11.30 de la mañana, la artillería roja tira algunos disparos sobre La Estación. Por la tarde, rompemos fuego para batir la carretera a la entrada del pueblo. Nuestro comandante da la orden de que tenemos que enlazar con la red telefónica general de ingenieros de transmisiones y de seguida salgo con otros compañeros a tender una línea desde nuestra centralilla a la de ingenieros, que está a unos 6 kilómetros, en una vaguada. Cuando regresamos, nos coge la noche y nos venimos a través de los montes cantando alegremente. Llegamos al campamento y cenamos al son de un fuerte y nutrido traqueteo de ametralladoras que se siente en la posición de La Seta.

Día 3 de agosto 1938, miércoles. A las 9, rompemos fuego, corrigiendo el tiro sobre carretera de Sacañet, parando a las 10. Voy a tender otra línea telefónica, para enlazar con la 30ª batería de montaña, que está a nuestra derecha, emplazada en la ladera de un monte, a unos 1.500 metros de distancia.

Día 4 de agosto 1938, jueves. A las 10.45 de la mañana, dejó el cargo de capitán de la 29ª batería el capitán don Luis Valle Colmenares, haciéndose cargo el capitán don Manuel Arjona Brieva. El teniente Laullón también dejó el cargo; vino el teniente Losada. Dentro del mismo campamento, pongo tres líneas que van desde la central, una a la chabola del comandante, otra a la del capitán de la 29ª batería y otra a la del de la 33ª batería.

Día 5 de agosto 1938, viernes. A las 9.30, cambiamos el emplazamiento, pero en el mismo cerro, subiendo las piezas un poco más arriba del mismo. Hacemos fuego, corrigiendo el tiro. Artillería roja tira. Un 7.5 cae a unos 150 metros, en la ladera que está a la derecha de las baterías. Desde el día 29, no viene la aviación roja. ¡Ojalá siga así! Pues estamos en un cerro pelado y nos pueden ver estupendamente. Por la tarde, vemos en el objetivo nº 1 mucha gente. Rompemos fuego, haciendo mucha carnicería. Las baterías rojas tiran, pero enseguida callan. También hoy me toca poner otra línea, para enlazar con el comandante Suárez (grupo del 75/28), que está emplazado a nuestra derecha, al lado de la pista que viene de El Toro. Hoy, que es primer viernes de mes, he confesado y comulgado. Ha hecho mucha calor. También me he pelado al cero, igual que toda la División, según orden que han dado. Escribo a mi hermano y a mi novia.

Día 6 de agosto 1938, sábado. A las 11.15 de la mañana, rectificamos el tiro, formando una cortina de fuego por detrás del pueblo de Torás, para caso de contraataque rojo. Pocos disparos necesitamos para corregir, y ahora que contraataquen si quieren, que sus fuerzas de choque encontrarán una barrera infranqueable del fuego que les hagamos. Recibimos orden de enlazar con la 29ª batería antiaérea, que está emplazada detrás de nosotros, a la izquierda de El Toro, para que desde nuestro observatorio podamos comunicarle cuando aparezca la aviación enemiga. Y así lo hacemos. Por la tarde, marcho con varios de mis compañeros y quedamos enlazados.

Día 7 de agosto 1938, domingo. Un «rata» rojo aparece a las 5.45 de la mañana. Las ametralladoras antiaéreas tiran con precisión. Huye y en su huida batería antiaérea le tira solo ocho disparos. Lejos, se distinguen las siluetas de otros aparatos. A las 9.30 empieza a tirar la batería roja (La Leona), en fuego lento. Son ahora las 10.20. Los pepinos caen más cerca (pero no importa, mientras no nos caigan encima). ¡No hay que temer! En este frente, solo tengo una pena, que es la de no poder ver alguna batería roja. Infeliz de la que veamos, que, aunque nos caigan los pepinos al lado, rompemos fuego rápido al grito de ¡viva España!,

¡viva Franco!, y quedará destrozada, como ya les hemos hecho en otras ocasiones. La mañana la empleamos solo haciendo referencias de puntería, por si tenemos que hacer fuego de noche. Un comandante italiano de un grupo de baterías 75/27, que está emplazado en un monte a la izquierda nuestra, viene a hablar con nuestro comandante y le dice que quería enlazar por teléfono con nosotros, para, en caso de que los rojos atacasen alguna noche, poder estar en contacto. Nuestro comandante le brinda con que nosotros iremos a tender la línea. Se nos ha terminado el hilo, pero lo pedimos a ingenieros. Vamos en un camión por él a El Toro y, a las 6 de la tarde, la línea ya estaba puesta. A las 6.45, vuelve a tirar la artillería roja, cayendo más cerca que esta mañana. Son las 7 y sigue tirando. El 15.5 nuestro le contesta y una batería italiana. Por fin, callan. A las 11 de la noche, contraataque rojo. Fue a los Flechas Azules. El verdadero combate solo duró 45 minutos. Se les hicieron muchas bajas a los rojos.

Día 8 de agosto 1938, lunes. Son las 8.35 de la mañana. Se oyen a mi derecha explosiones lentas de cañón. Retumban en el silencio en que está albergado el frente. Veamos qué nuevas hay hoy. Por lo pronto, vamos a ducharnos cerca del pueblo de El Toro, a un camión desinfectante, donde me doy la gran ducha. A las 12.30, regresamos al emplazamiento. A las 5.20 de la tarde, rompemos fuego, cesando a las 6. A las 7.15, nos forman a las baterías y plana mayor y nos leen un artículo del Boletín Oficial, en el que se nos condecoraba con la medalla militar colectiva, por nuestra actuación en el Valle de Bielsa, Alto Cinca y Cinqueta.

Día 9 de agosto 1938, martes. A las 6 de la mañana, marcho con el teniente Onrubia al observatorio de la izquierda. Me llevo papel y escribo a mi novia. A las 10.45, tira la batería roja del 153, en fuego lento, cesando de tirar a las 11.15. Tiró lejos. A las 4 de la tarde, tres proyectiles rojos caen en La Estación. A las 5.30, hacemos fuego. Paso la noche en el observatorio.

Día 10 de agosto 1938, miércoles. Bajo del observatorio. En el campamento, escribo a mi hermano. Sin más novedad.

Día 11 de agosto 1938, jueves. Con el sargento Calero y los de mi escuadra, voy al observatorio de primera línea, La Seta, de servicio. Se acercan muchas nubes, presagio de lluvia. Lo siento por la chabola tan mala que tengo. Relativo a guerra, solo algún cañonazo enemigo, que ha sido contrarrestado por nosotros. Llueve con gana. Me calo hasta los huesos (al mal tiempo, buena cara). Paso la noche en el observatorio y, desde nuestras trincheras, hablamos con los rojos, que están rabiosos por los palos que les estamos dando por el Ebro. Hay un rojillo (andaluz) que está cantando fandanguillos.

Día 12 de agosto 1938, viernes. Al amanecer, el enemigo ataca. Dos horas duró el combate, siendo rechazado. A las 7 de la mañana, rompemos fuego (pocos disparos). Desde el observatorio, veo tanques en la carretera y les hacemos dos descargas. Terminado el ataque, vienen a relevarnos al observatorio otro equipo. Todo el día se están oyendo muchas explosiones a nuestra derecha, por donde está la 12ª División. A las 2 de la tarde, artillería roja tira sobre La Estación de Torás. Por la mañana, ha tirado el 15.5, 10.5, etc. nuestros. Hacía tiempo que no tiraban. Son las 2.10. Los pepinos rojos caen ahora mucho más cerca. Paran de tirar. A las 4, pasan los pepinos por encima de nosotros. Ahora caen más a la izquierda, y por fin caen delante de nosotros más cerca que antes. Son las 4.30. Nuestras baterías le contestan con fuego rápido, haciéndole callar. Llueve, parando a las 4.45. Avión de reconocimiento pasa. Por el ruido del motor creo que es nuestro. Aparecen trimotores y bombardean duramente a los rojos, por el sector de la 12ª División, que va avanzando.

Día 13 de agosto 1938, sábado. (Desgraciado.) Por la mañana, tira el 153 rojo (La Leona). Caen cerca. El 15.5 nuestro y nosotros les contestamos. Un pepino rojo pasa por encima de nosotros, matando detrás a un italiano e hiriendo a otro. Callan los rojos. Como todos estos días, los pepinos nos han caído alrededor. A las cinco de la tarde, pasan cinco trimotores nuestros. Regresan. Vuelven a pasar y regresan. A las 6 de la tarde, estamos discutiendo tan tranquilamente y yo comiendo un pedazo de torta que me ha dado un compañero, de un paquete que ha recibido de su casa. Pasa un proyectil del 153 rojo y explota detrás nuestro. Nos ponemos un poco intranquilos, pero continuamos en el mismo sitio. Tiran otro más cerca y trae consigo la muerte de Pereira (ranchero de la 33ª batería) y de Antonio Molina Jiménez, de la 29ª batería (también ranchero). Cayó en medio de donde estaban guisando, a unos 12 metros de mi chabola. Yo quedé envuelto en tierra y humo. Los dos están gravemente heridos, con el pecho y la cabeza destrozados, muriendo uno a los pocos minutos y el otro al ser trasladado al hospital. Otros dos también hay más levemente heridos. ¡Quedarán vengados! Nota: Esta batería es del calibre 153, mandada por un capitán de reserva. El proyectil hace poco agujero, mucho humo y se deshace completamente barriendo a ras de la tierra. Nos ha tirado mucho, desde que empezamos la ofensiva el día 13, hace hoy un mes.

Viene un comandante de estado mayor de la Comandancia General de Artillería, habla con mi comandante y me lleva en el automóvil a Rubielos de Mora (Teruel), a enseñarle a unos muchachos de aquella comandancia el manejo de los aparatos de radio de campaña. Ceno y duermo en aquella comandancia. Escribo a mi novia.

Día 14, 15, 16 y 17 de agosto 1938, de domingo a miércoles. Los paso en Rubielos de Mora, saliendo por el campo con los muchachos que estoy enseñando, con los aparatos de radio. Y ya los entienden bastante bien. Los tres primeros de estos días, ha llovido. El 15, escribo a mi novia; y el 14 y 17, a mis padres.

Día 18 de agosto 1938, jueves. Regreso a mi grupo. Voy a lavar una muda de ropa y, de camino, me lavo el cuerpo y me quito unos pocos de animalitos de encima, de estos animalitos tan pequeños que son inseparables. Mientras más me quito, más tengo. Al oscurecer, los rojos tiran, cayendo detrás de nosotros. El coche del capitán de la 29ª batería viene por el camino batido. Le cae un pepino delante. Explota, sin novedad.

Día 19 de agosto 1938, viernes. Con el sargento Andrade voy de servicio al observatorio de primera línea, El Espolón. Los rojos tiran y les contestamos duramente. Por cada disparo que hacen ellos, les contestamos con fuego rápido a sus trincheras. A la batería roja no la vemos. Por eso, no hacemos fuego de contrabatería. Les escribo a mis padres. Está anocheciendo y hay mucha tormenta. Paso la noche en el observatorio.

Día 20 de agosto 1938, sábado. Me relevan del observatorio y vuelvo al campamento. Por la mañana, pepinazos sueltos de los rojos. A las 11.15, rompemos fuego, parando a la una. A las 2, los rojos tiran. El 15.5 nuestro les contesta. Los proyectiles caen donde días anteriores, menos dos o tres que caen por encima de mi chabola, a la caída del cerrito. Por la mañana, cinco trimotores bombardean algo lejos. Hay mucho ruido por la derecha, o sea, por donde opera la 12ª División. Llueve por la tarde. Los rojos tiran, pero pronto callan. En vista de que las baterías rojas baten casi todos los días el sitio en que estamos acampados la plana mayor, el comandante ordena traslademos el campamento unos 300 metros más adelante, a la izquierda de la vía, en una vaguada que está algo más desenfilada del fuego enemigo. Con este traslado me encuentro sin chabola y empiezo con mis compañeros Manuel Adorna y José Pascual a hacer otra. Las cocinas del grupo también son trasladadas, por el mismo motivo, 2 kilómetros más a retaguardia, igual que los camiones del grupo. Pues uno fue alcanzado por la metralla de un proyectil. Escribo a mi novia.

Día 21 de agosto 1938, domingo. Oímos misa de campaña en la cocina. La ayudo yo. Para estar enlazados con las cocinas y con la parada de los camiones (que están en el mismo lugar, al lado de la vía del ferrocarril), ordena el comandante tender una línea y, después de la misa, voy a ponerla con otros compañeros, quedando terminado este trabajo a las 12. Por la tarde, continúo haciendo mi chabola. A las 2 de la madrugada, tengo que salir con mi compañero Calvente a arreglar la línea del observatorio de la derecha, que ha quedado incomunicada. Regreso a las 4 de la mañana.

Día 22 de agosto 1938, lunes. Entro con mi escuadra de servicio en la central. Trabajo un poco en mi nueva chabola, la cual no la puedo terminar. Escribo a mis padres y a mi novia. Tres trimotores nacionales se internan en terreno rojo. Los antiaéreos rojos tiran malísimamente. A las 9.10 de la noche, contraataque enemigo ¡grande! Rompemos fuego rápido, junto con las demás baterías. Somos los primeros que lo hacemos. Baterías rojas nos tiran y callan. A las 9.30, cesó el ataque, sin que hubieran tomado ni un solo palmo de terreno.

A las 12 de la noche, dejo a uno de mi escuadra hecho cargo de la central y me voy para mi chabola. Entonces, baterías rojas tiran. Desde que el proyectil sale de la boca del cañón, lo oímos venir, debido al silencio de la noche. Está lloviendo mucho y, como el techo de mi chabola está aún sin terminar, me encuentro con el capote y la manta mojados. Nos tiraron bastante, pero no tuvimos ni una sola baja. Callaron. Solo alguna batería y ametralladoras nuestras cantan. Después, silencio hasta la mañana. La noche la he tenido que pasar en la chabola de la central, sin poder apenas dormir, pues se siente bastante frío y no me puedo tapar con la manta.

Día 23 de agosto 1938, martes. A las 7 de la mañana, voy a arreglar la línea del observatorio de la izquierda. A las 9, marcho al lado de El Toro, a unos veneros de agua, a lavar una muda de ropa. Cuando, al mediodía, regreso para el campamento, llueve. Por la tarde, voy con mis compañeros de chabola a La Estación de Bejís-Torás (batida por los rojos), a por tejas, que las cogemos de los tejados, y con ellas empiezo a tejar mi chabola.

A las 10 de la noche, voy a arreglar la línea del observatorio de La Seta. Regreso al campamento a las 12.30. Por el frente, sin novedad durante el día. Solo algún que otro cañonazo. Durante la noche, hay tres contraataques enemigos, por la parte de Peña Salada. Como siempre, no conquistaron ni un solo palmo de terreno.

Día 24 de agosto 1938, miércoles. Escribo a mi novia. Me dan unas botas nuevas. Voy a La Estación por otras pocas de tejas. Recorro la línea que enlazamos con la central de ingenieros y, al regresar, que está anocheciendo, me dicen que tengo que ir a arreglar la del observatorio de El Espolón, que también está averiada. Como el rancho de seguida y voy, con mi amigo Eslava, a arreglarla.

Día 25 de agosto 1938, jueves. Escribo a mis padres. Me ponen una inyección antitífica. Estoy rebajado de servicio. Mis dos compañeros de chabola, que a ellos no les ha tocado hoy ponerse la inyección, van por tejas a La Estación. Ya queda poco para terminar de tejarla. La chabola, por la parte que queda sin tejar, gotea un poco.

Día 26 de agosto 1938, viernes. El frente, sin novedad. Entro de servicio en la central. Termino de tejar mi chabola. Llueve mucho por la tarde. Contesto a una carta de mi novia. Por la noche, estoy hasta las 12 en la central. Dejo nombrado el servicio de relevo para la noche y me acuesto en mi chabola. Empieza a llover, cayendo el agua con mucha fuerza. Me quedo dormido, pero despierto sobresaltado al sentirme mojado. Y es que está cayendo tal cantidad de agua que se ha inundado mi chabola, que está situada en un hoyo. Tengo que pasar la noche subido en una piedra grande, que meto en la chabola, para no mojarme los pies. Y así espero que amanezca. Al amanecer, hago un desagüe alrededor de la chabola para que salga el agua.

Día 27 de agosto 1938, sábado. Escribo a mi hermano y a mis padres. Amanece con mucha niebla. Con el teniente Onrubia, marcho al observatorio de La Seta. Tres trimotores rojos bombardean El Toro una vez. El 7.5 rojo tira sobre las baterías italianas de nuestra izquierda. Se desencadena una gran tormenta baja y mucho viento frío. Parece que estamos en mitad del invierno. Paso la noche en el observatorio y, a las 11 de la misma, queda incomunicada la línea que tenemos para comunicar con las baterías. Salgo a recorrerla y me encuentro que, a unos 500 metros del observatorio, esta partida por la explosión de un proyectil. La arreglo y regreso al observatorio.

Día 28 de agosto 1938, domingo. Me relevan del observatorio. Vuelvo al campamento. El día está muy nublado, pero no llueve. Voy a un arroyuelo que corre el agua, debido a estas lluvias, y está más cerca que donde iba antes (a unos dos kilómetros), y lavo dos mudas de ropa. Cuando regreso al campamento, voy con mi compañero Hurtado a recorrer la línea de ingenieros.

Día 29 de agosto 1938, lunes. Entro de servicio en la central con mi escuadra.

Día 30 de agosto 1938, martes. Hace un día de aire insoportable, que arranca unas pocas tejas de mi chabola. Tengo que ponerle piedras encima, para que no se las lleve. A las 2 de la madrugada, tengo que salir por el monte a arreglar la línea de El Espolón, que no funciona. Voy con una linterna, pues la noche está como boca de lobo. En el llano de La Estación, me encuentro con la avería. Mi compañero Carvajal sale rodando por el monte. No se hace daño. La noche está como para perderse. Menos mal que ya conozco bien estos terrenos.

Día 31 de agosto 1938, miércoles. Me ponen la segunda inyección antitífica. Baterías enemigas tiran cerca de nuestro campamento. Por la tarde, voy en el coche del comandante a la 43ª Compañía de Automovilismo, destacada en el campo de aviación situado en las inmediaciones de El Toro, a cobrar las pagas de los chóferes del grupo. Regreso al anochecer. El escribo a mi novia.

SEPTIEMBRE DE 1938

---

3 de septiembre. El Alto Mando nacional decidió llevar la batalla del Ebro hasta sus últimas consecuencias, para lo que acometió una ofensiva sobre el frente de Gandesa, comandada por el general García Valiño.

9 de septiembre. Se recrudecieron los combates en las sierras de Cavalls y Pandols.

18 de septiembre. El Ejército Nacional lanzó otra ofensiva sobre la Venta de Camposines. El avance era muy lento, porque las tropas del Ejército Popular, a las órdenes de Modesto, se defendían bien en las serranías.

29 de septiembre. Se firmó el Pacto de Munich, por el que Chamberlain, Daladier, Hitler y Mussolini aceptaban la desmembración de Checoslovaquia.

Día 1de septiembre 1938, jueves. A las 7 de la mañana, nueve trimotores rojos pasan por encima de las baterías y bombardean El Toro (pueblo). La batería antiaérea que está detrás de nosotros tira bien. Hace un día de viento muy grande, que cuesta mucho trabajo andar. El capellán del grupo empieza a dar clase a los analfabetos en el emplazamiento, de 10 a 12 de la mañana. Y me escoge a mí para que le ayude a enseñarles a leer y de cuentas, los días que no tenga servicio. A las 4 de la tarde, voy a recorrer la línea que enlaza con la 30ª batería de montaña, que está averiada. Escribo a mis padres.

Día 2 de septiembre 1938, viernes. Baterías, servicio de campaña y vigilancia. Voy de servicio al observatorio de La Seta y allí escribo a mi novia. Me hacen cuatro fotografías con una Kodak. Es primer viernes de mes, y esta mañana, antes de subir al observatorio, confesé y comulgué en la misa de campaña. Paso la noche en el observatorio.

Día 3 de septiembre 1938, sábado. Bajo del observatorio al campamento. Al anochecer, voy con mi compañero Aurelio Cruz, a recorrer la línea que enlazamos con la 29ª batería antiaérea. Regreso a las 10 de la noche.

Día 4 de septiembre 1938, domingo. Entro de servicio en la central. Contesto a una carta de mis padres y otra de mi novia. Hace mucho aire y por la noche se siente mucho frío. Rompen fuego los rojos. Los pepinos caen cerca de nosotros. Callan. Vuelven a tirar. Nosotros hacemos lo propio. Callan. A las 5 de la tarde, pasa un «rata» enemigo. A las 12 de la noche, contraataque enemigo. Corremos a las piezas pero no tiramos. Cesó de seguida.

Día 5 de septiembre 1938, lunes. Hoy hace justamente un año que salí del Regimiento de Sevilla (3º Ligero) con el grupo. Tenemos misa de campaña, que es oída por las baterías y plana mayor en formación. Yo recibo la sagrada comunión. Nos dan un desayuno y rancho extraordinario, de paella, bistecs empanados, uvas de Andalucía, coñac de Jerez, dos paquetes de tabaco y un puro. Al mediodía, voy con mi compañero Ildefonso Lucas Mordes a recorrer la línea de la cocina y, al regresar, vamos a arreglar la que enlaza con el grupo italiano, que también está averiada.

Día 6 de septiembre 1938, martes. A las 10.15, tiran los rojos algún disparo. A las 10.30, rompemos fuego, haciendo alto a las 12.15. Callan. Voy a recorrer la línea que emplazamos con el grupo del comandante Suárez.

Día 7 de septiembre 1938, miércoles. Entro de servicio en la central. Cae un proyectil a unos 80 metros de mi chabola, llegando la metralla al tejado.

Día 8 de septiembre 1938, jueves. Contesto a las cartas que recibí anoche de mis padres y de mi novia. Hace un día magnífico de sol. Voy a lavar una muda de ropa. Por la tarde, repaso con la aguja la ropa que he lavado. Empezamos a hacerle a nuestro comandante una chabola, con sus cimientos y todo. Más bien que chabola, es una casita pequeña. Al anochecer, llueve.

Día 9 de septiembre 1938, viernes. Voy con mi estación de radio a un monte situado a la izquierda de Peña Salada, con los capitanes de la 29ª y 33ª baterías, para corregir el tiro a unos nuevos objetivos. Por radio, doy los datos de tiro a la otra estación que está en las baterías. Hace un viento que parece vamos a volar.

Día 10 de septiembre 1938, sábado. Voy de servicio al observatorio de El Espolón. Tira la artillería roja sobre el observatorio. Por la noche, contraatacan los rojos. Dura media hora. No consiguen nada. Al observatorio (posición de infantería) llegaban millares de ráfagas de las ametralladoras de los rojos. Soy testigo del drama. Las bombas de mano y los lanzallamas iluminan el campo de combate, formando una especie de fuegos artificiales.

Día 11 de septiembre 1938, domingo. Me relevan del observatorio. A las 10, le ayudo al capitán a dar clase a los analfabetos. Voy a arreglar las líneas de la cocina y de ingenieros. Empiezo a hacerme una buena chabola, pues el invierno se echa encima y la que tengo, cada vez que llueve, se me llena de agua, por estar situada en una hondonada. Esta que empiezo, he escogido un sitio un poco elevado, en la falda del terraplén de la vía estrecha de Sagunto.

Día 12 de septiembre 1938, lunes. Entro de servicio en la central. A las 10, la artillería roja nos tira, por descargas de secciones, en fuego lento. A las 11 y media, paran.

Día 13 de septiembre 1938, martes. En un camión voy a Rubielos de Mora, a la Comandancia General de Artillería de la 3ª División, a cambiar los aparatos de radio por otros. Regreso al grupo al anochecer. Desde mediodía, empezó a llover. Anochece y aún continúa.

Día 14 de septiembre 1938, miércoles. Amanece lloviendo y con mucho viento. Contesto a una carta que anoche recibí de mis padres. A las 9 de la mañana, voy con el sargento Calero y mi escuadra al observatorio de La Seta, de servicio. Paso la noche en él. Llueve. La chabola gotea y no podemos dormir, del viento tan frío que hace, y además mojándonos.

Día 15 de septiembre 1938, jueves. A las 8 de la mañana, me relevan y vuelvo al campamento. Voy al monte, a Loma Verde, de servicio con la radio. Tiran los rojos. Hace bastante frío y un día de mucha niebla. A las 6 de la tarde, regreso al campamento. Contesto a una carta de mi novia que recibí anoche. A las 9 de la noche, sale ardiendo una chabola de paja. Acudimos todos, retiramos la munición y apagamos el fuego. Los dos de la chabola se quemaron las manos.

Día 16 de septiembre 1938, viernes. Las baterías, en servicio de campaña y vigilancia. Trabajo en la construcción de mi nueva chabola y en la del comandante.

Día 17 de septiembre 1938, sábado. Amanece un buen día. Voy a lavar una muda de ropa, por la mañana. Al regresar, contesto a una carta que anoche recibí de mi novia. A las 12, nos reparten el rancho y, después, voy a recorrer la línea de La Seta (observatorio). A las 12.30, tiran los rojos. Rompemos fuego, callándolos. Paramos el fuego. Regreso al campamento al anochecer.

Día 18 de septiembre 1938, domingo. Oigo misa de campaña. Después, marcho con mis compañeros Manzano y Lucas Mordes a recorrer la línea del observatorio de El Espolón. De camino, cogemos moras de una zarzas y nos las comemos. Al mediodía, regresamos al campamento. Por la tarde, trabajo en mi chabola un rato y en la del comandante. Gran cañoneo por la parte de la 81ª División.

Día 19 de septiembre 1938, lunes. Voy de servicio al observatorio de la derecha, con el teniente Barrios. Paso la noche en el observatorio.

Día 20 de septiembre 1938, martes. Los rojos están atacando fuertemente por el sector de Manzanera y La Puebla de Valverde. A las 7 de la mañana, trimotores rojos entran por nuestra derecha y se internan por nuestro terreno. Antiaéreos nuestros les tiran, no consiguiendo derribar ninguno. Regreso del observatorio al campamento. A las 2 de la tarde, viene nuestra aviación: 5 trimotores bombardean a los rojos. Antiaéreos rojos tiran, sin hacer efecto sus disparos. A las 6 de la tarde, 15 trimotores y muchos cazas bombardean a los rojos, por la parte de La Puebla de Valverde a Sarrión. Días antes, atacaron los rojos.

Día 21 de septiembre 1938, miércoles. A las 7 de la mañana, 3 trimotores rojos vuelan por las posiciones del día anterior. El 8.8 les tira, pero no derriba ninguno. Durante el resto del día, son los aparatos nuestros los que actúan. A las 11 de la noche, rompemos fuego rápido de 3, 4, 5, 3 disparos por pieza, haciendo muchos disparos. Tiramos sobre carreteras, pues vimos movimiento de camiones. El día ha sido de mucha niebla. Contesto a una carta de mi novia. Durante la noche, dos contraataques rojos sin conseguir nada.

Día 22 de septiembre 1938, jueves. La aviación nuestra bombardea por el sector de Manzanera. Son las 11 de la noche y voy a recorrer la línea de ingenieros, que está averiada. Se oye gran cañoneo, bombas y ametralladoras. Lleva una hora así. Son las 11.45: Cesa el cañoneo. Ya no se oye ningún disparo. Voy por el monte con mi compañero Calvente, con la linterna, pues la noche está muy oscura. Arreglamos la línea y, a las 2 de la madrugada, regresamos al campamento.

Día 23 de septiembre 1938, viernes. Entro de servicio en la central. A las 7 de la mañana, la batería roja (La Leona) tira, pero lejos de nosotros. Baterías nacionales le contestan con fuegos rápidos. A las 8.30, aviación nuestra se oye lejos. Luego, nada. A las 8.35, aviación roja viene. Antiaéreos les tiran. No bombardean. Se dirigen al sector de Manzanera. A las 11, rompemos fuego de hostigamiento, cesando a las 12.

Día 24 de septiembre 1938, sábado. A las 7 de la mañana, con la radio en un mulo, me traslado a Loma Quemada, de servicio. Llegan las 3 de la tarde y aún no he terminado mi misión. Estoy sin comer desde que tomé el café esta mañana. A las 5 de la tarde, regreso al campamento y entonces almuerzo. Hay gran cañoneo por el sector de Manzanera. A las 6 de la tarde, tres «ratas» pasan por encima de El Toro. A las 6.10, 13 aparatos rojos entran por nuestra izquierda (mirando al frente). Pasan por encima de nosotros. Antiaéreos tiran. Vuelven otra vez a pasar por encima de nosotros, amparados por las nubes. Creemos que es que nos han visto, pero no es así. Se internan en nuestro terreno, perseguidos por nuestros antiaéreos. No bombardean y huyen. Contesto a una carta de mi novia.

Día 25 de septiembre 1938, domingo. Amanece con neblina y lloviendo un poco. Me entero de que de los aparatos del día anterior es derribado un «rata», cayendo en nuestras líneas. Hacemos prácticas de transmisión por banderas. Ayudo al capellán a dar clase a los analfabetos. Trabajo en la construcción de mi nueva chabola. Ya tiene elevadas las paredes a la altura suficiente; ahora le falta el techo, pero para ello tengo que ver la manera de encontrar madera para las vigas. Al atardecer, aprieta la lluvia. Escribo a mi hermano.

Día 26 de septiembre 1938, lunes. Voy con el teniente Onrubia de servicio al observatorio de la izquierda. Paso la noche en el observatorio.

Día 27 de septiembre 1938, martes. Nuestro comandante, don Manuel Pérez de Guzmán y Sanjuán, se marcha hoy de nuestro grupo, destinado a otro de artillería antiaérea. A las 6 de la mañana, formamos la plana mayor y nuestro comandante nos habla despidiéndose de nosotros. Todos estamos sobrecogidos por un hondo sentimiento, por la marcha de nuestro jefe, tan querido, que se nos va. Igualmente a él se le conoce en su semblante noble y en su voz cariñosa el sentimiento que tiene de separarse de nosotros. Nos alabó por nuestro buen comportamiento y, uno a uno, a todos nos estrechó la mano. Para nosotros, más que nuestro comandante ha sido nuestro segundo padre. Por fin, se sube en el automóvil. Nos llama al cabo García y a mí (que a los dos nos aprecia mucho) y nos dice que siempre está dispuesto a servirnos en lo que pueda. Le agradecemos su ofrecimiento. Empieza a rodar el coche lentamente y todos, sobrecogidos por el mismo sentimiento, damos vivas a nuestro comandante. Nos hace muestras de agradecimiento y saca el brazo para despedirse. El auto se va alejando y nosotros, con la vista puesta en él hasta que por fin desaparece a lo lejos. Nuestro comandante ha marchado, pero nosotros nunca le olvidaremos. Por la mañana, rompemos fuego, haciendo barreras por delante de las trincheras rojas. A las 9.30 de la noche, gran contraataque rojo a nuestras posiciones de los Flechas Azules. Llueve. Es el más duro que ha habido por aquí. Infinidad de bombazos, ametralladoras y artillería. A los 25 minutos, el silencio más profundo. De vez en cuando, se oye algún morterazo. No tomaron ni un solo palmo de terreno y salieron descalabrados para sus trincheras los que pudieron escapar de nuestro fuego. Escribo a mis padres.

Día 28 de septiembre 1938, miércoles. Sin novedad en el frente. Servicio de campaña y vigilancia. Voy a recorrer la línea de ingenieros y la del observatorio de La Seta. Hace un viento muy frío.

Día 29 de septiembre 1938, jueves. Entro de servicio en la central. Nos dedicamos seis compañeros a freír setas. El frente, sin novedad. Llueve.

Día 30 de septiembre 1938, viernes. Sin novedad. Baterías, en servicio de campaña y vigilancia. Amanece lloviendo. Mi chabola se me vuelve a inundar de agua. La otra todavía no la tengo terminada. En un camión vamos por palos para las chabolas que están en construcción. Por la tarde, en un rato que no llueve, empiezo a ponerle las vigas a mi chabola. El terreno está muy blando y constantemente estamos perdidos de barro. Me hago una cortadura en el dedo índice de la mano derecha, con un cristal. Escribo a mis padres y a mi novia. Por la noche, llueve y grandes tronadas se dejan sentir. Tengo que dormir en la chabola de mi amigo García.

OCTUBRE DE 1938

2 de octubre. En el frente del Ebro, prosiguió el lento avance nacional. Las Brigadas navarras se encontraban a un kilómetro de la Venta de Camposines.

10 de octubre. Las vanguardias nacionales llegaron a la Venta de Camposines.

24 de octubre. En Barcelona, se abrió el proceso político contra el Partido Obrero de Unificación Marxista (POUM).

27 de octubre. Concluyó el proceso del POUM, con diversas condenas de prisión.

28 de octubre. En Barcelona, se realizó la despedida oficial a los brigadistas internacionales, con discursos de Negrín y de «La Pasionaria».

30 de octubre. Con gran preparación artillera y buen empleo de la aviación, se lanzó la ofensiva nacional sobre el Ebro. La 1ª División navarra tomó la sierra de Cavalls.

Día 1 de octubre 1938, sábado. Fiesta del caudillo Franco. Amanece. Son las 6.30 y rompemos fuego a cinco segundos de intervalo, haciendo 21 disparos por batería, alabando a nuestro caudillo. Las demás baterías del sector también hicieron sus disparos, las salvas. Las ametralladoras, morteros y fusiles también cantan. A las 7.30, misa de campaña, que oímos en formación. A las 9, marcho de servicio al observatorio de La Seta. Paso la noche en él. Llueve.

Día 2 de octubre 1938, domingo. Regreso al campamento. Por el camino, empieza a llover, me mojo bastante. A las 10, sale el sol. El capellán dice misa y la oigo. Sigo haciendo la chabola. Escribo a mis padres y a mi novia.

Día 3 de octubre 1938, lunes. Voy a lavar una muda al arroyuelo que pasa por la pista que va a El Toro. Por la tarde, con mis compañeros de chabola la dejo terminada, poniéndole a la nueva las tejas de la chabola antigua. Por fin, he conseguido, a fuerza de muchos trabajos, dejar terminada mi chabolita. Me machaco sin querer el dedo corazón de la mano derecha.

Día 4 de octubre 1938, martes. Sin novedad. Mucho viento frío. Voy a arreglar la línea de la cocina.

Día 5 de octubre 1938, miércoles. Amanece un gran día de sol. Voy a arreglar la línea del observatorio de El Espolón, que va tendida por el suelo y la ponemos aérea. Contesto a una carta que anoche recibí de mi novia.

Día 6 de octubre 1938, jueves. Con mi escuadra entro de servicio en la central. El frente está tranquilo. El tiempo, pésimo, con tormentas y lluvias. A las 10 de la noche, parece diluviar. Mientras, a la luz de una vela en mi chabola, escribo a mis padres. Recibo un paquete de mi casa con cosas de comer.

Día 7 de octubre 1938, viernes. Primer viernes de mes. Confieso y comulgo. Marcho de servicio al observatorio de El Espolón. Se mantiene el día sin llover. Paso la noche en el observatorio.

Día 8 de octubre 1938, sábado. Regreso al campamento. Se han emprendido los trabajos de hacer refugios y buenas chabolas para los oficiales del grupo. Al teniente Onrubia le ha gustado mucho la construcción de mi chabola. Me dice que le doy arte a la albañilería y me hace el encargado de dirigir una de las obras. Por la mañana, con un camión voy por piedras y por agua. Por la tarde, hago pared con mi cuadrilla. A las 4 de la tarde, estoy comiendo moras y siento ruido de motor. Un trimotor de la parte de los rojos entra en nuestro terreno. Los antiaéreos no tiran ni él tampoco. El aparato es Martin Bomberg. Por la noche escribo a mi novia.

Día 9 de octubre 1938, domingo. Muy tempranito, escribo a mis padres. Después oigo misa. Entro de servicio en la central. El teniente Barrios, de la plana, se marcha a hacer los cursos de capitán. Hace un día estupendo de sol. A las 11.45, rompemos fuego sobre dos objetivos y dejamos apuntadas las piezas a las posiciones de Torás. Aviación roja bombardea a retaguardia de nosotros.

Día 10 de octubre 1938, lunes. Me relevan de la central. Voy a recorrer la línea del observatorio de la derecha. A las 4 de la tarde, rompemos fuego, pues batería roja tira. La callamos. Dejamos de tirar y ahora solo son los morteros los que se oyen. Trabajo en la obra de los oficiales.

Día 11 de octubre 1938, martes. Por la mañana, trabajo en la obra. Al mediodía, voy a El Toro, al Parque de Transmisiones, a llevar a reparar dos teléfonos, y regreso a las 5. El dedo lo tengo aún malo y no puedo ir a lavar. Mando con el cartero la ropa para que me la laven en dicho pueblo. Por la noche, contesto a una carta que anoche recibí de mis padres. Se desencadena una gran tormenta que dura hasta las 12. Grandes relámpagos y chispas.

Día 12 de octubre 1938, miércoles. Sin novedad. Servicio de campaña y vigilancia. Sigue lloviendo. Voy de servicio al observatorio de la derecha.

Día 13 de octubre 1938, jueves. Sin novedad. Servicio de campaña y vigilancia. Me relevan del observatorio. A las 10 de la mañana, voy a recorrer una línea de La Seta (a pesar de estar lloviendo). Me pongo todo calado. Al regresar al campamento, hago una candela y me seco.

Día 14 de octubre 1938, viernes. Voy a Loma Verde, de servicio con la radio. Batería roja tira. Son las 12.45 horas. Rompemos fuego, cesando a las 4.30. El grupo del comandante Suárez también tira. Regreso al campamento al anochecer. Ceno y después, en mi chabola, contesto a una carta de mi novia.

Día 15 de octubre 1938, sábado. Fiesta de santa Teresa (patrona de Intendencia). Por la mañana, tenemos misa, confieso y comulgo. Mi paisano Antonio Sánchez, que llega de estar con permiso, me entrega un paquete de mi novia y otro de mi casa con cosas de comer.

Día 16 de octubre 1938, domingo. Oímos misa. Tira la artillería roja. Por la tarde, trabajo en la obra de los oficiales. Ya está bastante adelantada la chabola (más que chabola, casita) que estoy encargado de dirigir.

Día 17 de octubre 1938, lunes. Está amaneciendo y la artillería roja tirando. Entro de servicio en la central. A pesar de ello, por la tarde me llama el teniente Onrubia y me dice que continúe trabajando con mi cuadrilla en su chabola. Empezamos a ponerle las vigas, formando caballete a dos aguas. Contesto a una carta de mi novia.

Día 18 de octubre 1938, martes. A las 5 de la mañana, todavía no se ve. Aparato muy bajo vuela con un ruido grandísimo. Parecía rojo, pues venía del terreno de ellos. Voy a lavar dos mudas al arroyuelo. Al regresar, voy a recorrer la línea del observatorio de la izquierda.

Día 19 de octubre 1938, miércoles. Trabajo en la construcción de la chabola del teniente Onrubia. Le ponemos los cañizos a las vigas y vamos con un camión por tejas.

Día 20 de octubre 1938, jueves. Continúo trabajando en la construcción de la chabola y empiezo a tejarla. Al anochecer, la mitad del tejado tiene las tejas puestas. Escribo a mis padres y a mi hermano.

Día 21 de octubre 1938, viernes. A las 12.45, dos cazas nuestros vuelan por el sector rapidísimos. A las 10 de la noche, batería roja tira con dos disparos sobre El Toro, en descarga de sección y con intervalo de cuatro minutos. Mandan a sus puestos y rompemos fuego rápido, de tres disparos por pieza. Son las 10.30 de la noche. Hemos terminado de tirar. Yo estoy de guardia en la central. Sentado al lado de la candela, sigo oyendo las explosiones que se producen al caer los pepinos en El Toro. Hasta las 3 de la madrugada, estuvieron tirando los rojos. Contesto a una carta de mi novia.

Día 22 de octubre 1938, sábado. Voy de servicio al observatorio de la izquierda, con el teniente Onrubia. A las 9 de la mañana, rompemos fuego, cesando a las 9.45. De nuevo empezamos a tirar hasta la hora de comer. Artillería roja tira algunos cañonazos a nuestra derecha. En esta mañana, tiran mucho las baterías italianas y el grupo español del 75/28 (comandante Suárez). A las cuatro de la tarde, tiran algunos disparos las baterías rojas. Rompemos fuego rápido, junto con las baterías italianas. Callan los rojos. Es de noche. Solo es la ametralladora la que canta. Paso la noche en el observatorio.

Día 23 de octubre 1938, domingo. Regreso del observatorio al campamento. Oigo misa. A las 10.45, artillería roja, emplazada muy cerca (La Leona), tira en fuego rápido sobre La Seta y El Espolón. El ruido es grandísimo. Corremos a las piezas y rompemos fuego rápido, de 5 disparos por pieza, junto con el grupo de 75/28, que también tira, y el 15.5; pero estas, después que nosotros. Callan las baterías rojas. Corre el rumor de que una batería roja ha sido descubierta. Hemos acabado de comer y apuntamos las piezas con otra deriva, quedando apuntadas las piezas con dirección a donde ha tirado La Leona (roja). El capitán Arjona baja del observatorio de la derecha y va a caballo al de la izquierda. Esperamos que vuelvan a tirar los rojos, para comprobar si está allí la batería y vengarnos tirándole.

Nota: Siempre que la artillería roja nos ha tirado, les hemos contestado con fuego rápido. Y lo mismo, cuando nos han contraatacado, siendo siempre calladas las baterías enemigas y rechazados los contraataques. Cuando nosotros hemos tirado a sus posiciones, carreteras, puentes, etc., ellos nos han buscado, cayéndonos los proyectiles cerca, y matando a un artillero, el día 2 de abril, y dos el día 13 de agosto del presente año.

Es ya de noche. El capitán ha bajado del observatorio sin conseguir ver a la batería, pues esta no ha vuelto a tirar. Pobre de ella el día que la veamos. En el día de hoy, trabajé un poco en la albañilería, pero la tuve que dejar, pues empezó a llover. Está anochecido y aún continúa lloviendo. Escribo a mis padres.

Día 24 de octubre 1938, lunes. Entro de servicio en la central. Empieza a regir un horario nuevo en el campamento y toques de corneta en los trabajos que nos han señalado. Durante el día, llueve. Antes de llover, hemos reformado el emplazamiento de las piezas (desagüe de la cureña, plataforma, munición, etcétera). Apuntamos las piezas. Y a las chabolas. Toda la noche llueve.

Día 25 de octubre 1938, martes. Sin novedad. Practicamos nuevo horario (gimnasia, teórica, etc.). Al mediodía, después de comer, voy a arreglar la línea de la cocina. Empieza de pronto a llover un aguacero fuerte. Estamos lejos del campamento. No tenemos dónde cobijarnos. Viéndonos perdidos, mi compañero Hurtado y yo decidimos continuar nuestro trabajo. El agua nos corre por el cuerpo. Arreglamos la línea y regresamos. Mi compañero se siente enfermo y se tiene que acostar. Yo me mudo de ropa. Hago lumbre, me caliento y seco la ropa que me he quitado.

Día 26 de octubre 1938, miércoles. Entro con mi escuadra de servicio en la central. A las 10, rompemos fuego haciendo varias descargas de batería. Ponemos fundas, pero de seguida rompemos fuego, haciendo otras descargas. Por la tarde, acabo de tejar la chabola del teniente Onrubia. Por la noche, mientras estoy en la central, llueve fuertemente.

Día 27 de octubre 1938, jueves. Día de lluvia y mucho frío. Escribo a mis padres y a mi novia. Sin más novedad.

Día 28 de octubre 1938, viernes. Hace mucho frío. A las 2 de la madrugada, el viento era tremendo. El frío helaba. Tuve que encender candela, entre las bromas de mi compañero Dalmau, pues no se nos ocurrió otra cosa que tostar galletas comparadas a un «paisa» y ponerle mantequilla mandada de su casa. Marcho de servicio al observatorio de La Seta. Referente al frente, tranquilidad absoluta. El frío que ha hecho hoy es de 8 grados bajo cero. Paso la noche en el observatorio.

Día 29 de octubre 1938, sábado. Regreso al campamento. Sin novedad en el frente. Hace mucho viento frío. Marcho, a las 3 de la tarde, a recorrer la línea de ingenieros. Ponemos una línea nueva para enlazar con el teniente coronel Molesún, jefe de la Comandancia General de Artillería, que tiene su puesto de mando en una casita de la vía que existe entre nuestro campamento y Barracas.

Día 30 de octubre 1938, domingo. Oigo misa. Hacía un viento que helaba. Entro de servicio en la central. Se rumorea que nos van a llevar a descansar a un pueblo. Queda suspendida la construcción de nuevas chabolas. Escribo a mi novia.

Día 31 de octubre 1938, lunes. Por la mañana, rompemos fuego en descargas de batería. Comemos y, no ha pasado mucho tiempo, cuando La Leona (batería roja) rompe el fuego sobre La Estación de Bejís-Toras.

Rompemos fuego por descargas simultáneas y en descargas. Batería roja calla. Un artillero de la plana mía fue a lavar, le cayó un proyectil rojo a 12 metros, pero gracias a Dios no explotó. Terminado el mes, baterías rojas nos han tirado alrededor. Ninguna baja en el grupo. Ha hecho hoy un aire tan tremendo que ha tronchado algunos árboles. Por la noche, contesto a una carta de mis padres.

Teresa, su novia, octubre de 1938.

NOVIEMBRE DE 1938

3 de noviembre. Las tropas nacionales ocuparon la sierra de Pandols.

4 de noviembre. Se derrumbó definitivamente el sistema defensivo del Ejército Popular, que Líster había montado en el Ebro.

7 de noviembre. Las vanguardias de García Valiño llegaron a Mora de Ebro. A partir de entonces, el único objetivo de Modesto sería el de hacer regresar al otro lado del Ebro a las tropas republicanas en las mejores condiciones posibles.

15 de noviembre. El Ejército rojo ultimó una retirada ordenada al otro lado del río Ebro. Se estima que habían sufrido 70.000 bajas. Enrique Líster dejó a 4.607 prisioneros nacionales en manos de García Valiño. La decisiva batalla del Ebro había terminado, con victoria de Franco.

Día 1 de noviembre 1938, martes. Fiesta de Todos los Santos. Oímos misa. Entro de servicio en la central. Escribo a mi novia.

Día 2 de noviembre 1938, miércoles. Día de los Difuntos. Oigo misa, confieso y comulgo. Ayudo la misa al capellán. Hace un buen día de sol, y no hace viento. Terminada la misa, voy a recorrer la línea de El Espolón, llegando hasta el observatorio. Antes de comer, rompemos fuego a intervalos. Por la tarde, pasa avión nuestro en reconocimiento. A las 5 de la tarde, escribo a mis padres.

Día 3 de noviembre 1938, jueves. Voy a lavar. Cuando vengo, las baterías están tirando a un camino por donde andan los rojos. Contesto a una carta de mi hermano. El marqués de la Conquista, teniente ayudante de nuestro antiguo comandante, nos hace una visita.

Día 4 de noviembre 1938, viernes. Voy de servicio al observatorio de la derecha. Paso la noche en el observatorio. Recibo un paquete con cosas de comer de mi casa.

Día 5 de noviembre 1938, sábado. Por teléfono me ordenan al observatorio que empecemos a recoger la línea. Así lo hacemos. Continuamos recogiendo todas las líneas telefónicas y preparándonos para salir. A las 12, salimos. Llegamos al pueblo de descanso, Rubielos de Mora (Teruel), después de atravesar bellos paisajes. Las baterías 29ª y 33ª se alojan en una escuela, y los de la plana mayor en la calle Callecica nº 8, en una casa bastante grande, de tres pisos, que fue de un rojo y la abandonó al ser liberado el pueblo.

Día 6 de noviembre 1938, domingo. A las 10 horas, misa de campaña, que oímos artillería, infantería y todas las fuerzas de la 3ª División, que nos encontramos de descanso en el pueblo. Hace un día de sol espléndido. Hacemos vida de cuartel, todo a toque de corneta. A las 2 de la tarde, tocan paseo. Yo no puedo salir, pues estoy de cabo de cuartel. Escribo a mis padres y a mi novia.

Día 7 noviembre 1938, lunes. Nos llevan a bañarnos a un río que pasa cerca del pueblo. Hace un gran día de sol. Hacemos instrucción.

Día 8 de noviembre 1938, martes. Hacemos instrucción de transmisión por banderas y practicas con los teléfonos. Hay revista de armamento. Tengo un dolor muy grande de muelas. Escribo a mi hermano y a mi novia, en contestación a una carta que recibí el día 5, en la que me mandaba una foto. A las 4 de la tarde, voy con otros en un camión a recoger un depósito de proyectiles que se ha descubierto en mitad del campo. Regresamos al pueblo a las 10 de la noche.

Día 9 de noviembre 1938, miércoles. Estoy de cabo de cuartel y escribo a mis padres y a mi novia. Hace muchísimo frío, a pesar del sol tan espléndido que tenemos.

Día 10 de noviembre 1938, jueves. Por la mañana temprano, tenemos instrucción de pie a tierra. Después, prácticas de transmisiones telefónicas, tendiendo líneas por los montes. Por la tarde, prácticas con las banderas y teórica. Por las noches, en la cocina de la casa que tenemos por cuartel, encendemos lumbre para calentarnos.

Día 11 de noviembre 1938, viernes. Tengo anginas, me da fiebre y tengo que acostarme. Por la tarde, me encuentro mejor y escribo a mi novia.

Día 12 de noviembre 1938, sábado. Sigo peor de las anginas. No puedo tragar. Me las curo tres o cuatro veces al día, con paños de agua caliente y con gárgaras de bicarbonato, limón y unturas de glicerina yodada. Me da fiebre y tengo que acostarme.

Día 13, 14 y 15 de noviembre 1938, domingo, lunes y martes. Los paso curándome las anginas. La mayor parte del día, acostado, por el fuerte dolor de cabeza. Y para colmo, hasta las muelas me duelen. No tomo de alimento nada más que leche.

Día 16 de noviembre 1938, miércoles. Me siento mejor de las anginas. La inflamación ha bajado un poco y puedo comer el rancho, aunque con un poco de trabajo. Solicitan a la División mi pasaporte para marchar con permiso.

Día 17 de noviembre 1938, jueves. Voy a la instrucción de pie a tierra, de teléfonos y banderas.

Día 18 de noviembre 1938, viernes. No voy a la instrucción, pues la garganta se me irritó ayer con el aire y la tengo peor. Me quedo en cama. Por la tarde, me levanto y escribo a mis padres. Se organizan partidos de fútbol y una corrida de toros. Artillería juega contra zapadores, quedando igualados 2 a 2. Hay pelea, bastantes palos, llevándonos la palma los de artillería. El partido es nulo.

Día 19 de noviembre 1938, sábado. Voy al campo por la mañana, a las diferentes clases de instrucción. También practicamos la transmisión por radio. Nos hace una mañana de mucha niebla y frío. Volvemos a jugar con los zapadores. Vence artillería por uno a cero. Escribo a mi novia.

Día 20 de noviembre 1938, domingo. Por la mañana, misa de campaña. Todas las fuerzas que hay en el pueblo asistimos a ella, que se celebró en una explanada a la salida. Terminada la misa, desfile por delante del general de la División, Iruretagoyena. Juega artillería contra transmisiones. Ganamos por uno a cero. La hija del general Solchaga, que presenció el partido, nos regaló una caja de puros. Vamos en cabeza, 4 puntos. Nuestros oficiales convidan a los jugadores a tomar un aperitivo. Contesto a una carta de mis padres y otra de mi novia.

Día 21 de noviembre 1938, lunes. Oímos misa de campaña, en memoria de José Antonio Primo de Rivera. ¡Presente! Desfile, a continuación. Hace muchísimo frío. Por la tarde, celebramos otro partido de fútbol.

Día 22 de noviembre 1938, martes. Por la mañana temprano, juntamente con los batallones de infantería, salimos al campo de maniobras y hacemos simulacros de operaciones, avanzando por los montes. Yo voy con la radio. Por la noche, me entregan el pasaporte para marchar con permiso.

Día 23 de noviembre 1938, miércoles. A las 5 de la mañana, en un camión, marcho desde Rubielos de Mora a la carretera general de Teruel (18 kilómetros). En otro camión voy hasta Teruel. Espero en la carretera y, en otro, sigo mi viaje. Hago varios transbordos y, a las 4 de la tarde, llego a Zaragoza. Cojo el tren.

El día 24, a las 3 de la mañana, llego a Valladolid. Me apeo. A las seis, cojo el rápido de Irún. El 25, a las 7 de la mañana, en la estación de Los Rosales, hago transbordo. Continúo para Córdoba y, a las 12 del día, llego a Montilla. El viaje ha sido muy penoso. Ha hecho mucho frío; y los trenes, abarrotados de gente.

Del 25 al 30, continúo de permiso en mi pueblo. Pongo un telegrama a la batería de mi hermano, y viene a verme.

DICIEMBRE DE 1938

---

10 de diciembre. El mal tiempo retrasaba la ofensiva nacional sobre Cataluña.

23 de diciembre. El Ejército Nacional, con 23 Divisiones, dio comienzo a la ofensiva de Cataluña. La línea del frente republicano se rompió por varios puntos.

Día 1 a 4 de diciembre 1938, de jueves a domingo. Continúo en mi casa. Me saco una muela.

Día 5 a 8 de diciembre 1938, de lunes a jueves. Por la tarde, emprendo mi viaje para incorporarme a mi grupo. Llego a Córdoba. Cojo otro tren y continúo hasta Los Rosales. A las 12 de la noche, llegó el rápido de Irún, todo lleno, hasta los pasillos y plataformas. Por la ventanilla, meto mi equipaje. Yo no puedo entrar. Arranca el tren y me monto en el estribo. Así voy hasta Villanueva de las Minas (paso mucho frío). En esta estación, se apean unos cuantos y consigo entrar dentro del vagón. Apiñados y sin poder sentarme, pasé la noche. Al amanecer el día 6, llegamos a Cáceres. Anochece el día 6 y aún continúo sin poderme sentar. En la madrugada del 6 al 7 (3 de la mañana), llego a Valladolid. Cojo otro tren, que también está abarrotado de gente y, en la plataforma de un vagón, me coloco. Continúo viajando y, después de 13 horas de camino (pasando mucho frío), llego a Calatayud, a las 4 de la tarde. No tengo combinación para continuar. Me voy a ver el pueblo. Pongo un telegrama a mis padres y otro a mi novia.

Compro una medalla militar. Tomo unas cañas de cerveza con un sargento de mi grupo que me encuentro y, a las 6.30, marchamos para la estación. A las 7 de la tarde, cogemos el tren. Pasamos por Teruel y, a las 6 de la mañana del día 8, llego a Estación de Rubielos de Mora (distante de este pueblo 18 kilómetros). Me apeo y en un camión voy hasta 6 kilómetros antes de llegar al pueblo. Me voy andando, cargado con el equipaje y, al llegar a Rubielos, me encuentro que mi grupo, igual que toda la División, se ha marchado. En el coche del capitán de la 29ª batería de mi grupo, que lo veo que iba a salir del pueblo, me voy hasta Barracas (Castellón) y allí, en el camión del suministro de mi plana, que me lo encuentro, me voy hasta el campamento, que se encuentran a la izquierda de la vía de Teruel-Valencia, a unos tres kilómetros, también a la izquierda del emplazamiento que tuvimos antes de llevarnos a descansar a Rubielos. Llego a las 12 del día. Seguidamente dejo mi equipaje en la chabola que me brinda mi amigo García y entro de servicio con mi escuadra en la central. Llueve mucho. Por la noche, mientras estoy de guardia en la centralilla, escribo a mis padres y a mi novia. Mientras yo he estado con permiso, por orden de la División nos han recogido los aparatos de radio.

Día 9 de diciembre 1938, viernes. Salgo de servicio en la central. Sin novedad. Escribo a mi hermano.

Día 10 de diciembre 1938, sábado. Mucho frío y llueve. Voy a tender una línea telefónica al observatorio nº 1, situado en una montaña a la izquierda y a vanguardia de nuestro emplazamiento.

Día 11 de diciembre 1938, domingo. Nuestro capellán dice misa a la entrada de la chabola de los oficiales. La oímos desde fuera. Empieza a llover, nos mojamos. Me pelo al cero, pues se me cae mucho pelo. Anochece lloviendo. Son las 10 y continúa. Me acuesto en mi chabola, con mis compañeros García y Eslava, la cual gotea un poco. A las 11.30, ataque rojo a nuestras posiciones. Me levanto. Hacemos fuegos rápidos. Dura unos 45 minutos. Ha sido grande. Amparados por la niebla, llegaron hasta cerca de nuestras trincheras. Vuelvo a acostarme. Se oye el traqueteo de las ametralladoras de cuando en cuando. Después, quedó el frente sumergido en el más profundo silencio. Solo el viento y el agua, a veces, se dejan sentir.

Día 12 de diciembre 1938, lunes. Entro con mi escuadra de servicio en la central. Sigue lloviendo, hace frío y, en medio de estos campos, la vida nos resulta muy aburrida y triste, más que nada por el temporal tan malo. Mientras estoy de guardia por la noche, escribo a mis padres y a mi hermano.

Día 13 de diciembre 1938, martes. Desde la chabola de la central a la del teniente ayudante Onrubia, tiendo una línea telefónica.

Día 14 de diciembre 1938, miércoles. Voy con un camión por piedras para arreglar mejor la chabola de los oficiales de la plana mayor. Al atardecer, con mis compañeros de chabola, García y Eslava, hago una candela de matas de coscojas que cortamos del monte, para calentarnos durante la noche. Contesto a una carta de mis padres.

Día 15 de diciembre 1938, jueves. Entro de servicio en la central. Hago fuego, pues no hay quien pare de frío. Corre un viento muy fino. Por la noche, mientras estoy de guardia, aprovecho para escribir a mi novia.

Día 16 de diciembre 1938, viernes. Trabajo en la chabola de los oficiales de la plana, en la construcción de una chimenea, para poder hacer fuego por dentro. Recibo un paquetito que me manda mi hermana Inés con cigarrillos liados.

Día 17 de diciembre 1938, sábado. Amanece el campo nevado. Pido permiso y voy a Barracas andando (7 kilómetros) y llevo una muda de ropa a que me la laven. Al regresar, se me echa la noche encima. Mucha niebla. Me desoriento y no acierto con mi campamento. Empieza a llover. Después de andar por el monte en todas direcciones, veo a lo lejos las luces de mi campamento. Llego calado por el agua.

Su hermana Inés.

Día 18 de diciembre 1938, domingo. Toda la noche pasada ha estado nevando. Amanece y aún continúa, alcanzando una altura de unos 30 a 35 centímetros la nieve. Las chabolas están cubiertas por el blanco velo y nosotros, dentro de las chabolas, que más bien parecen neveras. Aparece una escuadrilla de aparatos de bombardeo, escoltada por cazas. Bombardean posiciones rojas y desaparecen. Hacemos fuego sobre objetivos número 1 y 3, Mogotes y barrera de Sacañet. Es domingo y no podemos oír misa, pues al parar de nevar empezó a llover. Escribo a mis padres y a mi novia.

Día 19 de diciembre 1938, lunes. Vamos a tender una línea desde nuestra central al observatorio número 2, en que se encuentra la de ingenieros de transmisiones de la División.

Día 20 de diciembre 1938, martes. Debido al espionaje, la correspondencia no circula. Queda paralizada en las estafetas hasta nueva orden. Desde la central, tiendo otra línea a la chabola del capitán Arjona (29ª batería).

Día 21 de diciembre 1938, miércoles. Voy a Barracas y recojo la muda que llevé a lavar. Recibo un paquete de mi madrina, la de San Sebastián (Carmen Uyá), en el que me manda un jersey y un par de calcetines. Las baterías rojas tiran. Nosotros les contestamos. Escribo a mi novia.

Día 22 de diciembre 1938, jueves. Entro de servicio en la central. La madrina de Manila que tenemos los de la plana mayor nos manda tres cajones de tabaco de paquetes de 80 céntimos, liado, un cajón de otro tabaco especial (La Yebana), liado, muy bueno, y otro cajón más pequeño con puros, más pastillas de jabón y una docena de maquinillas de afeitar. Nieva bastante. La temperatura es de 5 grados bajo cero. Son las 11 de la noche. Me encuentro en la central y a la chabola se le cuela el aire por todas partes. Escribo una carta a mi hermana Inés, para distraer la guardia.

Día 23 de diciembre 1938, viernes. Tiendo una línea desde la central a la chabola del capitán Durban (33ª batería). Por las tardes, me dedico a cortar con un hacha matas de coscojas del monte, las cuales las quemamos y hacemos brasa para calentarnos en la chabola.

Día 24 de diciembre 1938, sábado. Nieva mucho y hace un frío insoportable. Todo aparece a nuestra vista cubierto por la nieve. La temperatura es de 6 grados bajo cero. Es Nochebuena. El teniente Onrubia nos llama a todos los de la plana a su chabola, a las 9 de la noche. Se organiza el cante con coplas al Recién Nacido. Y el teniente nos obsequia con vino de marca, tapas de salchichón y mortadela y unas ricas aceitunas. Después, chocolate con leche y, para final, se continúa la fiesta con botellas de anís, coñac y dulces finos. A las 12 de la noche, antes de retirarnos a nuestra chabolas, el teniente, del regalo de la madrina, nos da a cada uno un paquete con 30 cigarrillos «La Yebana», un puro, una pastilla de jabón, y rifó la docena de maquinillas de afeitar (a mí no me tocó ninguna).

Día 25 de diciembre 1938. Primer día de Pascua y domingo. Oímos misa. Artillería roja nos tira. Voy a tender una línea al observatorio que ponemos en primera línea. Al regresar al mediodía, me encuentro con un rancho extraordinario: arroz con pollo, filetes, patatas fritas, postre de naranja, mermelada, vino de Jerez y coñac, y un paquete de tabaco para cada uno. Por la noche, en mi chabola, cante, aguardiente y coñac. Todos estamos alegres.

Día 26 de diciembre 1938, lunes. Segundo día de Pascua. Entro de servicio en la central. Por la noche, mientras estoy de guardia, escribo una carta a mi hermana Inés y otra a mis padres, en contestación a una que recibo. (He estado 14 días sin recibir carta.)

Día 27 de diciembre 1938, martes. Tercer día de Pascua. Hace mucho frío. Estamos a 7 grados bajo cero. Además de la manta que tenemos, nos dan otra. En una compañía de ametralladoras que viene de posición delante de nuestro campamento, me encuentro con mi paisano Antonio Torres y dos más. Voy a recoger una línea que tenemos enlazada con el puesto de mando del teniente coronel Molesún, comandante principal de artillería, por mudar su puesto de mando a El Toro.

Día 28 de diciembre 1938, miércoles. Tendemos otra línea para enlazar con la 30ª batería de montaña. Sigue el mal tiempo. Nieva bastante.

Día 29 de diciembre 1938, jueves. Voy de servicio al observatorio de primera línea.

Día 30 de diciembre 1938, viernes. Entro de servicio en la central, al regresar del observatorio, pero me relevan y salgo de servicio con un camión a Castellón de la Plana, a cuya capital llego a las 2 de la tarde. Almorzamos y después vamos a El Grao y veo el puerto, los barcos, etcétera. Dormimos en una fonda.

Día 31 de diciembre 1938, sábado. Por la mañana temprano, vamos al mercado y hacemos unas compras para el grupo. A las 12 del día, salimos de Castellón, llegando al grupo a las 9 y media de la noche. Llega un nuevo comandante al grupo, don Manuel Durán y Aguilar.

AÑO 1939

4 de enero. En Cataluña, prosiguió el avance nacional con la conquista de Artesa de Segre y Borjas Blancas. Las tropas de Modesto, núcleo fundamental del Ejército Popular, estaban prácticamente destruidas.

5 de enero. Con el fin de descongestionar el frente catalán, el Gobierno del Frente Popular lanzó una ofensiva en Extremadura.

13 de enero. Las tropas nacionales tomaron Tortosa, provincia de Tarragona.

15 de enero. Juan Bautista Sánchez entró en Tarragona, al tiempo que Juan Yagüe tomaba Reus.

23 de enero. El Gobierno del Frente Popular decretó el estado de guerra, después de treinta meses de combates. En la misma orden gubernamental nombró a José Miaja generalísimo de las fuerzas de Tierra, Mar y Aire, lo que lo convertía prácticamente en jefe civil y militar del territorio republicano.

24 de enero. Cuerpos del Ejército Nacional avanzaron hasta llegar al río Llobregat.

26 de enero. Las tropas de Yagüe y Solchaga entraron en Barcelona, sin encontrar resistencia. El Gobierno de Negrín se había trasladado a Figueras. Hernández Saravia, jefe del GERO, fue sustituido por el general Jurado.

Día 1 de enero 1939, domingo. Año Nuevo. Día de mi santo. Estoy franco de servicio. Oigo misa de campaña, confieso y comulgo. Nos dan el aguinaldo del soldado, que consiste en una lata de leche condensada, otra de mermelada, un paquete de turrón, un paquete de galletas, un paquete de tabaco, una libra de chocolate, un devocionario militar, una cantimplora pequeña de coñac, una carterilla con cinco sobres y cinco cartas, una tarjeta postal con la foto de nuestro Caudillo y un puro. Tenemos rancho extraordinario. Del regalo de nuestra madrina de Manila, nos dan un puro y dos paquetes de tabaco, uno de 80 céntimos y otro de 30 cigarrillos «La Yebana». Hace un día espléndido de sol. La artillería roja tira al llano de La Estación. Nosotros les contestamos, haciendo fuego sobre la barrera de Sacañet. Escribo a mis padres y a mi hermano.

Día 2 de enero 1939, lunes. Entro de servicio en la central. Aparece la aviación nuestra por el sector, pero no bombardean. Antiaéreos rojos le tiran, sin resultado. Tira la artillería enemiga sobre las posiciones de La Seta y Loma Quemada. Por la tarde, hacemos fuego a las 4. Paramos el fuego a las 5.15. Por la noche, mientras estoy de guardia en la central, contesto a una carta de mis padres, otra de mi hermano y otra de mi novia. Hace mucho frío.

Día 3 de enero 1939, martes. Salgo de servicio de la central. A las 10 de la mañana, voy a recorrer la línea del observatorio nº 1, que está averiada.

Día 4 de enero 1939, miércoles. Voy de servicio al observatorio de La Seta. Corre un viento muy frío y hay una niebla muy espesa. A las 10 de la noche, llovizna. A las 11, un fuerte ataque rojo a la posición en que me encuentro. Llamo por teléfono a las baterías y se lo comunico. De seguida empiezan a hacer fuegos rápidos muy certeros. El avance va en aumento y llegan hasta nuestras alambradas, que consiguen cortar por una parte. Nutrido fuego de fusilería, ametralladoras, morteros y, en especial, bombas de mano. Toda la posición aparece iluminada de las explosiones. Yo, por teléfono y observando, comunico a las baterías el resultado de sus descargas, que es formidable. Los rojos no consiguen nada. A las 11.45, cesa el ataque, replegándose a sus posiciones. 45 minutos ha durado. Yo he escapado sin novedad. Ya, silencio profundo. Solo se oye los quejidos de los heridos rojos que han quedado ante nuestras trincheras.

Día 5 de enero 1939, jueves. Amanece. Desde el observatorio, contemplo gran número de cadáveres rojos, que quedaron anoche en nuestras alambradas. Me relevan del observatorio y regreso al campamento. Voy a la posición de infantería que está nuestra izquierda y le llevo a un paisano mío, que va con permiso, una carta para mis padres y otra para mi novia.

Día 6 de enero 1939, viernes. Entro de servicio en la central. La artillería roja nos tira bastante. Nosotros les contestamos en tiro de represalia. A las 11 de la noche, vuelve a tirar y, estando hablando con el observatorio, queda cortada la comunicación. Dejo a otro en la central, cojo el pruebalíneas y marcho con mi compañero Calvente a recorrer la línea. La noche es oscura y con mucha niebla y está lloviznando. Tenemos que valernos de una linterna. Después de mucho andar por medio de los montes, al llegar al llano de La Estación y yendo con la línea en la mano, de pronto me cuelo en un hoyo y se me termina la línea. Alumbro con la linterna y veo que el hoyo ha sido efecto de la explosión de un proyectil rojo que vino a caer encima de la línea, partiéndola. Arreglo la avería y regreso. Sigue lloviendo. El capote lo tengo calado. Al llegar al campamento son las 3 de la madrugada.

Día 7 de enero 1939, sábado. Me relevan de la central. Me llama el comandante de la plana y, en premio a la mojada que cogimos anoche mi compañero Calvente y yo arreglando la línea, nos entrega a cada uno otra bolsa de aguinaldo igual a la que nos dieron el día 1. Se recibe orden de trasladar el grupo a Peña Juliana (unos 12 kilómetros más a la derecha de donde nos encontramos). Por la tarde, se empiezan a trasladar las baterías, enganchadas en los camiones las piezas. Los de la plana mayor empezamos a recoger las líneas telefónicas. Anochece. Todo el grupo ha marchado, menos unos cuantos de la plana (entre ellos yo) que, al mando del sargento Andrade, quedamos recogiendo las líneas. Hace una noche de frío espantoso. Menos mal que nos alumbra una hermosa luna. No dormimos. Toda la noche se nos pasa en recoger y trasladar el hilo a cuestas al campamento. Al amanecer, los utensilios de la plana los tenemos cargados en dos camiones.

Día 8 de enero 1939, domingo. A las 10 de la mañana, marchamos a reunirnos con el grupo en Peña Juliana (frente de Valencia). Nos encontramos las chabolas hechas, de otro grupo de artillería de la 81ª División, que juntamente con dicha división ha marchado para el sur, a contener unos ataques de los rojos. Instalamos la centralilla en una chabola y enlazamos con las baterías del grupo (29ª y 33ª), que están emplazadas detrás de nosotros, a unos 300 metros la 29ª y la otra más retirada.

Día 9 de enero 1939, lunes. Cae una gran nevada. A pesar de ello, vamos a tender una línea al observatorio que designan, al que llamamos «observatorio del Pino», situado en un monte rocoso altísimo, rodeado de grandes precipicios. Las baterías corrigen el tiro sobre todos los objetivos rojos que se nos han asignado en el sector. Al regresar de tender la línea, entro de servicio en la central.

Día 10 de enero 1939, martes. Recibo un paquete de mi madrina de San Sebastián, con chorizo, salchichón, turrón de fruta, turrón de almendra y tres paquetes de tabaco Chums, inglés.

Voy a tender una línea para enlazar con la central de ingenieros de transmisiones, que está a unos 4 kilómetros de distancia. Me encuentro resfriado. Todo está cubierto por la nieve y paso mucho frío. A ratos, caen copitos de nieve. Contesto a una carta de mi novia. Hacemos fuego a las posiciones rojas frente a los pueblos de La Yesa y La Pobleta. Artillería roja tira sobre una pista que un batallón de prisioneros está haciendo a nuestra izquierda.

Día 11 de enero 1939, miércoles. Llueve. Voy a tender una línea para enlazar con la 30ª batería de montaña, emplazada en un cerro a un kilómetro de nosotros. Nuestra aviación aparece (5 trimotores), bombardeando posiciones enemigas. Voy a recorrer la línea del observatorio.

Día 12 de enero 1939, jueves. Entro de servicio en la central. A las 5 de la tarde, hacemos fuego sobre concentraciones enemigas. Por la noche, mientras estoy de guardia en la central, escribo a mis padres y a mi novia. El día de hoy ha nevado mucho.

Día 13 de enero 1939, viernes. Tengo toda la ropa sucia. Voy a lavar a un arroyuelo que pasa a unos 500 metros del campamento, a nuestra derecha (mirando al frente), al lado de la pista que sube al campamento. Paso mucho frío, pues el agua esta helada. Hasta ganas de llorar entran del frío que hace, que ocasiona gran dolor en las manos. Hago fuego y, de cuando en cuando, me caliento las manos y sigo lavando. Hoy cumplo 22 años.

Día 14 de enero 1939, sábado. Hace una niebla tan densa que a cinco metros de distancia no se distinguen las personas. A caballo marcho de servicio al observatorio con el teniente Losada. Para cortar terreno, dejamos la pista y nos adentramos por mitad de unos montes, pero, debido a la niebla, llegó un momento en que nos desorientamos y no sabíamos por dónde andábamos. Empieza a llover. Así transcurrieron dos horas, mojándonos y sin saber por dónde andábamos, hasta que, por fin, encontramos la línea telefónica que yo tendí. La seguimos y pudimos llegar al observatorio, chorreando agua. Paso la noche en el observatorio.

Día 15 de enero 1939, domingo. A las 12, llega el relevo al observatorio y a caballo bajo al campamento. Al llegar, me dan la gran noticia de que Tarragona ha sido reconquistada por nuestro Ejército. Gran entusiasmo en el campamento. Hacemos fuego a las posiciones rojas. Por la noche, cante en todas las chabolas. La caída de Tarragona se celebra con anís y coñac que compramos a los «paisas».

Día 16 de enero 1939, lunes. Por la mañana, voy a lavar una muda de ropa. El arroyuelo me lo encuentro con el agua cuajada por encima, igual que un cristal. Tengo que romper el hielo para poder lavar. Paso mucho frío. Mientras estoy lavando, tira la artillería roja a la vaguada donde me encuentro. Dos proyectiles cayeron muy cerca de mí, pero no explotaron (por suerte). Otros explotaron un poco más retirados.

Día 17 de enero 1939, martes. Entro de servicio en la central. A las 10, rompemos fuego sobre la carretera de La Yesa, a un convoy cargado de municiones que se divisa. Por la noche, mientras estoy de guardia en la central, escribo a mis padres, a mi hermano Pedro y a mi primo Rafalito Morales.

Su primo Rafael Morales.

Día 18 de enero 1939, miércoles. Llueve durante todo el día. Voy a recorrer la línea de ingenieros. Escribo a mis padres y a mi novia.

Día 19 de enero 1939, jueves. Sale el sol, pero el día es de mucho viento frío. Voy a recorrer la línea del observatorio del Pino. A las 12, una batería roja hace fuego, cayendo los proyectiles en el emplazamiento de la 30ª batería de montaña, matando un mulo e hiriendo a dos artilleros. Nosotros le contestamos en tiro de represalia. Escribo a mi hermano.

Día 20 de enero 1939, viernes. Voy a caballo de servicio al observatorio. Sale el sol y, con el goniómetro, veo el mar. También se distingue la capital de Valencia. Hace mucho aire y frío. Los rojos nos deben de haber visto en el observatorio, pues nos tiran con ametralladoras, pasando las ráfagas por encima de nosotros. Por la noche, bajo con el teniente Chinchilla a las trincheras de nuestra infantería. Con un altavoz les habla a los rojos, dándoles cuenta de nuestros avances por Cataluña. Ellos protestan con palabras soeces y maldiciones. Se les oye perfectamente, pues las trincheras enemigas, por esta parte, están muy cerca. Estamos un rato y regresamos al observatorio. Se oye la aviación. Es nuestra. Al poco rato, se oye bombardear en Valencia. Se ve la luz de los reflectores de dicha capital, queriendo enfocar a nuestros aparatos. La artillería antiaérea les tira, viendo perfectamente las lucecitas que producen al explotar en el espacio. Paso la noche en el observatorio. Se marcha el comandante Durán del grupo.

Día 21 de enero 1939, sábado. Al mediodía, bajo del observatorio. Tengo un enfriamiento. Me siento un poco enfermo y me acuesto. Al anochecer, en la cama, contesto a una carta de mi novia.

Día 22 de enero 1939, domingo. Sigo acostado, con mucho dolor de cabeza. Por la tarde, me siento mejor y me levanto. Del batallón de trabajadores de prisioneros, que se encuentra arreglando la pista de la vaguada de la fuente, se han fugado con los rojos tres de ellos. Seguramente les han dado datos a la artillería roja de nuestro emplazamiento, y, por la tarde, nos tiran, cayendo los proyectiles a nuestra derecha, matando a dos trabajadores del batallón e hiriendo a otros dos.

Día 23 de enero 1939, lunes. Entro de servicio en la central. Escribo a mi novia por la noche, mientras estoy de guardia.

Día 24 de enero 1939, martes. Por la mañana, voy a lavar una muda de ropa. Hace mucho frío y tengo que hacer una candela al lado del arroyuelo. Por la tarde, sale el sol. Voy a recorrer la línea de la 30ª batería de montaña. Contesto a una carta de mis padres. Recibo un paquete con cigarrillos liados que me manda mi hermana Inés.

Día 25 de enero 1939, miércoles. Hacemos fuego sobre concentraciones enemigas. La artillería roja nos tira, cayendo varios proyectiles en nuestro emplazamiento, sin ocurrir ninguna desgracia. Todos estos días se pasan a nuestras filas muchos milicianos rojos. El teniente de la plana mayor, a cuatro de la misma nos hace un examen para mandar a dos a hacer los cursillos de sargento de artillería. Aprueba a mi amigo Dalmau y a mí. Por la noche, pasa nuestra aviación y bombardea Valencia.

Día 26 de enero 1939, jueves. Entro de servicio en la central. Contesto a una carta de mis padres y otra de mi novia. Se recibe la noticia «bomba» de la caída en poder de nuestro Ejército de la capital de Barcelona. Inmensa alegría en todo el campamento. Al cartero le encargamos traiga cuatro botellas de anís y tres de coñac para los de la plana. Por la noche, cante, alegría y, al final, borracheras al por mayor. A mí me toca tener que acostar a unos cuantos que no aciertan con la cama.

Día 27 de enero 1939, viernes. Voy a recorrer la línea de ingenieros y la del observatorio del Pino. El teniente ayudante manda a la Academia de sargentos (Medina del Campo) la propuesta de mi compañero y la mía. Recibo un paquete de mi madrina de San Sebastián, con un pasamontañas, un par de guantes, dos latas de leche condensada, dos paquetes de cigarrillos especiales y unos pocos de caramelos. Llueve. Escribo a mi hermano.

Día 28 de enero 1939, sábado. Piden a la División el pasaporte de mi compañero y el mío, para marchar a hacer los cursillos de sargento. Hacemos fuego a las 10.30 de la mañana, sobre objetivos nº 1 y 3. Artillería roja nos tira, cayendo los proyectiles en la pista, a unos 200 metros de nosotros. Al mediodía, empieza a nevar, continuando toda la tarde. Por la noche, escribo a mis padres.

Día 29 de enero 1939, domingo. Voy a caballo de servicio al observatorio. Antes de llegar a él, la montura, que la lleva floja, se le corrió a la barriga al subir el monte, y caigo al suelo encima de la nieve. Arreglo la montura y continúo. Artillería roja nos tira al observatorio. Me meto en el refugio. No ocurre desgracia ninguna. Paso la noche en el observatorio.

Día 30 de enero 1939, lunes. Al mediodía, me relevan y regreso al campamento. Vuelve a tirarnos la artillería roja, cayendo los proyectiles en un cerrito que hay cerca de la chabola de la central, al lado de la cocina de la plana. La metralla nos llega al tejado, sin consecuencias. Escribo a mi novia.

Día 31 de enero 1939, martes. Recibo carta de mi casa, con una foto de mi hermana Inés, y les contesto. Voy a lavar una muda. Cuando regreso al campamento, empieza a llover y después a nevar, continuando así toda la tarde. Termina el mes nevando.

FEBRERO DE 1939

1 de febrero. García Valiño entró en Vich. En el castillo de Figueras, se reunieron las residuales Cortes de la República, por última vez en suelo español.

3 de febrero. En Madrid, tuvieron lugar los primeros contactos con interlocutores del bando nacional por parte del coronel Segismundo Casado y Julián Besteiro, ambos partidarios de negociar con Franco la paz.

4 de febrero. Solchaga ocupó Gerona. El Estado Mayor Central republicano intentó salvar su Ejército haciéndolo pasar a Francia.

5 de febrero. El presidente Azaña, Martínez Barrio, Companys y Aguirre cruzaron la frontera francesa. El general Muñoz Grandes ocupó Seo de Urgel. En Madrid, Casado se entrevistó con el teniente coronel Centaño, agente de Franco.

8 de febrero. González Ubieta rindió Menorca. Solchaga ocupó Figueras. Juan Negrín cruzó la frontera. Decreto nacional por el que se cesaba a 15.000 funcionarios de la Generalitat.

9 de febrero. La guerra en Cataluña había terminado. Unos 100.000 civiles y 200.000 soldados del vencido Ejército Popular cruzaron los Pirineos en dirección a Francia.

10 de febrero. Procedente de Francia, Juan Negrín regresó a España en avión y aterrizó en Alicante.

21 de febrero. Franco presidió, en Barcelona, el desfile de la victoria, en el que participaron más de 100.000 hombres. Este día, murió el poeta Antonio Machado.

23 de febrero. El Comité Central del PCE lanzó un manifiesto en el que sostenía que la resistencia era posible y que solo ella permitirá salvar miles de vidas. Casado prohibió la circulación de Mundo Obrero, órgano comunista.

25 de febrero. Negrín, que conocía la actividad conspiratoria de Casado, lo ascendió al rango de general.

27 de febrero. En el aeródromo Los Llanos, Negrín presidió un consejo de gobierno. Solo Miaja apoyó las tesis de Negrín, que proponían continuar la lucha, como pretendía el Partido Comunista. En París, Azaña presentó su dimisión como Presidente de la República. Inglaterra y Francia reconocieron el Gobierno de Burgos como único legítimo en España.

FEBRERO DE 1939

NACIONALES
REPUBLICANOS

Día 1 de febrero 1939, miércoles. Entro de servicio en la central. Un buen día de sol, y no hace ese viento tan frío de estos días anteriores. Pongo a secar la ropa que lavé ayer. Por la noche, mientras estoy de servicio en la central, escribo a mis padres y a mi hermano. Por la noche, vemos la iluminación de los reflectores de Valencia. Nuestra aviación bombardea dicha capital.

Día 2 de febrero 1939, jueves. Me dedico a liar el hilo telefónico en carretes. Por la tarde, voy a recorrer la línea de ingenieros. Hace buen día de sol. A las 2 de la madrugada, tengo que ir a arreglar la línea del observatorio del Pino, que no funciona.

Día 3 de febrero 1939, viernes. Amanece un día de mucha niebla y frío. Es primer viernes de mes, confieso y comulgo (con este, llevo hechos siete primeros viernes de mes seguidos). De andar por la nieve, me han salido sabañones en los pies. Escribo a mi novia.

Día 4 de febrero 1939, sábado. Voy a caballo de servicio al observatorio. Por el goniómetro observo concentraciones enemigas que, en columna de dos, llegan a las trincheras rojas (al parecer relevando los batallones). Damos datos a las baterías por teléfono y hacemos fuego. Corren en todas direcciones al caer nuestros disparos. Artillería roja tira

133

cuatro disparos al observatorio y varias descargas a la vaguada de la fuente. Paso la noche en el observatorio.

Día 5 de febrero 1939, domingo. A las 12, nos relevan y bajo el campamento. Sin más novedad.

Día 6 de febrero 1939, lunes. Amanece el cielo sin nubes, un día magnífico de sol. Lo aprovecho para liar hilo telefónico en carretes. Y tendemos una nueva línea telefónica al observatorio, con hilo más fuerte. Una vez extendida esta, recogemos la otra. Escribo a mi novia.

Día 7 de febrero 1939, martes. Entro de servicio en la central. Por la noche, enciendo una candela al lado de la central y me preparo un buen plato de chocolate con leche condensada. Mientras estoy de guardia, escribo a mi novia. El silencio es absoluto. Solo de vez en cuando, se siente roncar a alguno de mis compañeros que duermen. A las 12, termino la guardia. Llamo a mi compañero Calvente y me acuesto.

Día 8 de febrero 1939, miércoles. Al amanecer, la artillería roja nos tira por descargas de secciones, cayendo los disparos a unos 200 metros a nuestra izquierda (llevan unos días que están furiosos). Se pasan tres milicianos a nuestras filas. Hablo con ellos. A las 9.45, hacemos fuego de represalia, en descargas de batería, a las posiciones de la carretera de La Yesa.

Día 9 de febrero 1939, jueves. Amanece un día de sol estupendo. De la comandancia principal nos dan por teléfono la noticia de que la guerra en Cataluña ha terminado. Se ha tomado Gerona y toda la frontera. ¡Viva España! ¡Viva Franco! Voy a recorrer la línea de la 3ª batería de montaña y la de ingenieros. Escribo a mis padres y a mi novia.

Día 10 de febrero 1939, viernes. Voy a lavar una muda de ropa. Al mediodía, regreso al campamento con ella lavada. Artillería roja tira a nuestra derecha, cayendo los disparos muy cerca del parque de municionamiento. De seguida hacemos fuego de represalia y callan.

Día 11 de febrero 1939, sábado. A las 12, a caballo marcho de servicio al observatorio. Por el goniómetro de antena observamos unos convoyes que se acercan a las posiciones rojas. Comunicamos a las baterías. Hacemos fuego muy certero. Las ametralladoras rojas tiran sobre el observatorio en cuanto asomamos la cabeza. Las ráfagas se estrellan sobre el parapeto y otras pasan silbando por encima de nosotros. A las 3 de la tarde, nos tira la artillería roja al observatorio 12 cañonazos. Nos tenemos que meter en el refugio. Uno de ellos no explota, quedando en mitad de la senda. Vemos que es del 12.40. Lo cojo (pesa mucho) y lo pongo detrás de nuestra chabolita. A las ocho de la noche, se siente aviación. Vemos la iluminación de los reflectores de Valencia, que enfocan a nuestros aparatos. Antiaéreos rojos tiran. A pesar de ello, nuestra aviación bombardea. Estando contemplando este episodio, suena el timbre del teléfono. Acudo y me dan la noticia de que baje del observatorio para marchar a hacer los cursillos de sargento. Se lo digo al teniente Onrubia y este me ordena que me marche. Me despido de mis compañeros Calvente y Mejías, y del teniente, y me pongo en camino para regresar al campamento. La noche está muy oscura y no tengo en el bolsillo la linterna. Me desoriento y no sé por dónde ando. Al fin, después de hora y media, encuentro la pista y llego al campamento. Mis compañeros con los que tengo que marcharme están esperando. Me despido con gran sentimiento de mis compañeros de la plana, con los que tantos ratos buenos y malos he soportado. Cojo mi equipaje y nos montamos en un camión. A las 11 de la noche, llegamos a El Toro. Nos dirigimos a la Comandancia Principal y recogemos el pasaporte. Continuamos hasta Barracas y nos metemos en un vagón del tren que está formado para salir a las 4 de la mañana.

Día 12 de febrero 1939, domingo. A dicha hora emprende la marcha el tren. Pasamos por Teruel y, a las 12, llegamos a Zaragoza. Con mi compañero Manuel Pereira me voy a almorzar. A las 3 y media, nos vamos a la estación. Y a las 4, salimos en el tren con dirección a Valladolid. Pasamos por Calatayud a las 8 de la noche.

Día 13 de febrero 1939, lunes. A las 10 de la mañana, llegamos a Valladolid. Continuamos y, a las 11, estamos en Medina del Campo (Valladolid). Nos hospedamos en una fonda mi amigo y yo. A las 12, almorzamos. A las 3 de la tarde, vamos a la Academia de sargentos a presentarnos, para ver si están admitidas nuestras propuestas para hacer el curso. Y nos dicen que volvamos mañana a las 11. Por la noche, voy al cine y veo *Suspiros de España*.

Día 14 de febrero 1939, martes. Vuelvo a ir a la Academia y me dicen que vuelva mañana, pues todavía no tienen hecha la eliminación de las propuestas. Sigo hospedado en la fonda, pagando de pensión 10,75 pesetas diarias.

Día 15 de febrero 1939, miércoles. Por la tarde, me dicen en la Academia que estoy admitido para hacer el cursillo. De mi grupo hemos venido cinco y nos han aprobado a cuatro.

Día 16 de febrero 1939, jueves. Tengo muchos dolores en la espalda, mareos y poca gana de comer. Voy a una farmacia a comprar una aspirina y me dice el farmacéutico que lo que debo hacer es tomar un purgante. Así lo hago; pero, apenas lo tomé, lo devolví. En vista de ello, me acuesto, me entra fiebre, tomo leche y sudo bastante.

Día 17 de febrero 1939, viernes. Continúo acostado. Por la tarde, me encuentro mejor y me levanto. Escribo a mi novia y a mis padres, y les mando las señas de la fonda para que me escriban.

Día 18 de febrero 1939, sábado. Me baño en la fonda y logro verme libre de la miseria que traía del frente. Me retrato. Escribo a mi grupo para que me envíen las cartas que hayan llegado después de yo venirme.

Día 19 de febrero 1939, domingo. Voy a la Academia y me dicen que mañana empieza el curso.

Día 20 de febrero 1939, lunes. Empezamos el curso. Todo el día lo tenemos ocupado. Solamente nos dejan para paseo una hora, de 8 a 9.

Día 21 y 22 de febrero 1939, martes y miércoles. Sin nada de particular. Tenemos el siguiente horario: 7 de la mañana, diana, recoger las camas y aseo personal; 7.30, desayuno; 8, gimnasia (45 minutos); a las 9, instrucción de cañón (una hora y media); a las 10.30, instrucción de paso (una hora y media); a las 12.15, teórica (una hora); a la 1.30, rancho; a las 2.30 de la tarde, clase de nociones de tiro (dos horas); a las 4.30, instrucción de transmisiones por banderas, heliógrafos, teléfonos y radio (dos horas); a las 6.45, teórica (una hora); de 8 a 9, paseo; a las 9, rancho y lista; a las 10, toque de silencio.

Día 23, 24 y 25 de febrero 1939, jueves, viernes y sábado. Sin novedad. Seguimos el curso igual que días anteriores.

Día 26 de febrero 1939, domingo. Los 500 cursillistas en formación vamos a la colegiata a oír la santa misa. Después de misa, tenemos instrucción hasta las 11 de la mañana, que tocan paseo. Por la tarde, entro en el cine Coliseo.

Día 27 y 28 de febrero 1939, lunes y martes. Con el mismo régimen de instrucción. Llueve y hace mucho frío. Termina el mes con la esperanza de que solo nos quedan a 30 días para terminar el curso.

MARZO DE 1939

3 de marzo. Negrín nombró comandantes militares de Alicante, Murcia y de la Base naval de Cartagena a Vega, Mendiola y Galán respectivamente. Los tres eran comunistas.

4 de marzo. La Base de Cartagena decidió oponerse al nombramiento de Galán y se sublevó, asumiendo un tinte nacional, por parte de miembros de la quinta columna y prisioneros liberados. Buiza amenazó a los sublevados y estos liberaron a Galán, pero varios oficiales se hicieron fuertes en el parque de Artillería y pidieron ayuda a Franco.

5 de marzo. Una brigada afecta al Gobierno entró en Cartagena y empezó a dominar la situación. A medianoche, desde Madrid, Casado anunció la constitución del Consejo Nacional de Defensa.

6 de marzo. La flota del Frente Popular tomó rumbo a Bizerta (Túnez). En Madrid, se desencadenó la lucha entre casadistas y comunistas.

7 de marzo. En Cartagena, la situación se resolvió a favor del Ejército Popular. Los barcos nacionales que iban en ayuda de los sublevados volvieron sobre sus pasos, pero los buques Castillo de Olite y Castillo de Peñafiel, ignorando la situación, entraron en Cartagena. Una batería gubernamental abrió fuego y hundió el Castillo de Olite. En Madrid la situación de Casado estaba empeorando.

8 de marzo. Casado, cada vez más aislado, llamó en su ayuda al 4º Cuerpo de Ejército republicano, que le era favorable.

12 de marzo. Los comunistas empezaron a ver reducidas sus posiciones a los Nuevos Ministerios, donde se habían hecho fuertes y de donde fueron desalojados por los partidarios de Casado. La lucha interna había terminado. Muchos comunistas fueron encarcelados.

14 de marzo. Casado explicó por Radio Madrid que su misión era conseguir una paz honrosa, que satisficiera a los que habían luchado. El mensaje sentó mal al Gobierno de Burgos, que suspendió las negociaciones.

22 de marzo. El Consejo de Defensa de Casado aceptó la rendición sin condiciones.

25 de marzo. El Consejo de Defensa pidió a los interlocutores nacionales, como única condición, que se justificara la actuación de la Junta de Casado. El Gobierno de Franco cortó las negociaciones.

26 de marzo. Franco ordenó a sus tropas que iniciaran la ofensiva final de la victoria.

28 de marzo. Las tropas del Ejército Nacional entraron en Madrid. Luego, el resto del territorio que quedaba bajo el Frente Popular fue siendo ocupado.

En igual situación. Vamos muy adelantados en el curso. Días de lluvia y haciendo las instrucciones prácticas en el patio de la Academia y en el campo. Pasamos mucho frío.

Día 2 de marzo 1939, jueves. Escribo a mis padres. El día 3 de marzo, viernes, a mi hermano. Y el día 2, el 5, domingo y el 10, viernes, a mi novia. El día 3, me pusieron una inyección antitífica y, por la mañana, fui a la iglesia de los capuchinos e hice el primer viernes de mes.

Día 5 de marzo 1939, domingo. Fuimos a oír misa a la colegiata.

Día 8 de marzo 1939, miércoles. Recibo un giro de mi casa, de 50 pesetas.

Día 10 de marzo 1939, viernes. Me ponen la segunda inyección antitífica. Los jueves tenemos unas conferencias patrióticas que nos da el teniente coronel jefe de la Academia.

Día 12 de marzo 1939, domingo. Oímos misa en el patio de la Academia. Después de misa, escribo a mis padres y, por la tarde, voy a la fonda y me doy un baño de agua caliente.

Día 13 de marzo 1939, lunes. Escribo a mi novia. El día 14, a mis padres. El 15, a mi novia. El capellán de la Academia nos da, por las tardes, unas conferencias preparatorias para confesar y comulgar todos los cursillistas el día de San José.

Día 17 de marzo 1939, viernes. Escribo a mi hermano.

Día 18 de marzo 1939, sábado. Por la tarde, vamos todos los cursillistas a la iglesia de la colegiata y confesamos (hay muchos confesores). También escribo a mis padres.

Día 19 de marzo 1939, día de San José y domingo. Vamos a la iglesia antes citada, oímos misa cantada y recibimos la sagrada comunión. Todo el día lo tenemos libre. Escribo a mi novia.

Día 20 de marzo 1939 , lunes. Tenemos un examen general de todo lo que llevamos practicado desde que empezó el curso. Y salen eliminados 27 cursillistas, que son pasaportados para sus respectivas unidades.

Día 22 de marzo 1939, miércoles. Nos dividen a los cursillistas en tres grupos. Uno de jefes de pieza, otro de topógrafos y otro de transmisiones (yo pertenezco a este último), para dentro de unos días salir de maniobras al campo. Escribo a mi novia.

Día 23 de marzo 1939, jueves. Escribo a mis padres.

Día 26 de marzo 1939, domingo. Escribo a mis padres, a mi hermano y a mi novia. Oigo misa en el patio de la Academia.

Día 27 de marzo 1939, lunes. Último examen eliminatorio, del que salgo bien.

Día 30 de marzo 1939, jueves. Escribo a mi novia. El 31, viernes, a mis padres. Del día 27 al 30, hemos ido al campo de maniobras con las baterías de montaña, antitanques, ligeras y pesadas. Yo iba en el equipo de radio. En esta decena, nuestro glorioso Ejército ha reconquistado todo el solar español: Madrid, Valencia, Alicante, Ciudad Real, Cuenca, Guadalajara, Albacete, Murcia, Almería, Jaén, y la guerra queda terminada. ¡Viva España! ¡Viva Franco! ¡Viva el Ejército español! En Medina, tenemos una gran manifestación con banderas por las calles. Todo el pueblo en masa da vivas al Caudillo. El comandante militar, que es el teniente coronel de nuestra Academia, da un discurso desde el balcón de la comandancia. De la colegiata sacaron a la plaza mayor la Virgen de los Dolores con el Señor en los brazos. Y se le rezó un tedeum y una salve cantada por toda la multitud, en acción de gracias.

ABRIL DE 1939

---

1 de abril. Último parte oficial de guerra publicado en el cuartel general del Generalísimo Franco: «En el día de hoy, cautivo y desarmado el Ejército rojo, han alcanzado las tropas nacionales sus últimos objetivos militares. La guerra ha terminado».

El Frente Popular, y con él la Segunda República, acabaron derrotados en todos los frentes. Se abría para España un tiempo difícil e incierto.

Día 1 de abril 1939, sábado. A las nueve de la mañana, misa de campaña en la explanada, delante del cuartel de la Academia. A continuación de la misa, juramos bandera, con el galón de sargento puesto, los cursillistas que hemos sido aprobados. El teniente coronel jefe de la Academia nos da una arenga. Uno a uno vamos pasando por delante del estandarte, saludando y besando la gloriosa enseña de la patria. Tenemos un rancho extraordinario (banquete) de despedida, que lo preside el jefe de la Academia, con otro teniente coronel italiano. Nos dan los pasaportes. Yo voy destinado a mi mismo Regimiento, al 3º Ligero, en Sevilla.

Día 2 de abril 1939, domingo. A las ocho de la mañana, salgo de Medina del Campo en el rápido de Irún, llegando a la estación de Los Rosales [Sevilla] el 4, a las 7 de la mañana. Hago transbordo a otro tren y, a las 12, llego a mi pueblo.

Día 5 de abril 1939, miércoles. Emprendo la marcha hacia Sevilla, a la cual llego a las 4 de la tarde, presentándome a mi regimiento.

Día 6 de abril 1939, Jueves Santo. Me dan permiso y marcho otra vez a mi pueblo, en el que asisto a la procesión del Viernes Santo. Mi hermano pide permiso a su capitán y viene a verme.

Día 12 de abril 1939, miércoles. Terminado mi permiso, marcho para Sevilla. Al pasar por la estación de Hornachuelos, me saludo con mi primo Rafael Morales. Me incorporo a mi regimiento, siendo destinado a la batería de depósito.

Día 13 de abril 1939, jueves. Me encuentro en el regimiento con mi paisano Miguel Alcaide Gallardo. Voy al hospital de los escolapios a ver a mi paisano Antonio Navarro, y le entrego una carta de su casa.

Día 14 de abril 1939, viernes. Escribo a mi novia. Compro dos velas (encargo de mi novia) y las llevo a la iglesia de San Lorenzo, al Señor del Gran Poder. Desde hoy, empiezo a dormir en el cuartel.

Día 17 de abril 1939, lunes. Desfile de la Victoria. Por el Paseo de la Palmera, desfilan 75.000 soldados de todas las armas. Yo asisto a él con una de las baterías que están cubriendo el recorrido. Resultó brillantísimo. El generalísimo Franco, en un automóvil descubierto y escoltado por la caballería mora, cruzó todo el recorrido del desfile, yendo a ocupar la tribuna situada en el Paseo de la Palmera. En el desfile, me encuentro con mi hermano que, con su batería, ha venido para desfilar. Terminado el desfile, la batería de mi hermano viene a acampar delante de mi cuartel.

Por la tarde, en la sala de suboficiales del regimiento, en una misma carta, escribimos mi hermano y yo a nuestros padres. Me voy con él a Sevilla.

Con su hermano Pedro, en Sevilla.

Día 19 de abril 1939, miércoles. Entro de servicio de puerta. La batería de mi hermano la trasladan a una finca cerca de la Cruz del Campo, al lado de la carretera de Alcalá.

Día 20 de abril 1939, jueves. Entro de refuerzo de la guardia. Me saludo con el comandante Gómez Salas y con el teniente don Juan García León. Todas las tardes hay cine en el cuartel.

Día 21 de abril 1939, viernes. Escribo a mis padres. El cuartel hay muchos paisanos. Estoy de refuerzo de vigilancia.

Día 22 de abril 1939, sábado. Escribo a mi novia. Viene a verme mi hermano al cuartel. Ceno y me marcho con él a Sevilla.

Día 23 de abril 1939, domingo. Entro de servicio de vigilancia y visita de hospitales.

Día 24 de abril 1939, lunes. Entro de servicio de la guardia de prevención. Viene mi hermano a verme al cuartel.

Día 25 de abril 1939, martes. Escribo a mis padres. Salgo de servicio de guardia.

Día 26 de abril 1939, miércoles. Recibo un paquete de mi casa con una sábana, libritos de papel de fumar y tabaco. Estando paseando con mi hermano por Sevilla, nos encontramos con una paisana, Mercedes, y les mandamos con ella recuerdos a nuestros padres. Escribo a mi novia.

Día 28 de abril 1939, viernes. Con mi hermano y su amigo Fontes voy a ver el Museo del Requeté. Me compro una gorra de plato. Me saludo con mi paisano José Luis Varo Sillero. En el Boletín Oficial del día 13, salió mi destino de plantilla en el mismo Regimiento al que pertenezco (3° Ligero). Todos los días tenemos una hora de academia los sargentos. El jefe de ella es el comandante don Gaspar Gómez Salas.

Día 29 de abril 1939, sábado. Escribo a mi novia.

MAYO DE 1939

Día 1 de mayo 1939, lunes. Cobro la paga del mes de abril. De escribiente en la oficina del comandante Gómez Salas, mientras va con permiso el que tiene.

Día 3 de mayo 1939, miércoles. Escribo a mis padres. Mi hermano sigue con su batería en la Cruz del Campo, y todas las tardes me paseo con él por Sevilla. Es día de la Cruz de Mayo, y salen muchas cruces por las calles. Voy a la batería de mi hermano y, con él, me vengo a Sevilla y veo la procesión del Señor del Gran Poder.

Día 4 de mayo 1939, jueves. Escribo a mi novia.

Día 5 de mayo 1939, viernes, ingresa mi hermano en el Hospital Central, para hacerse una operación de hidrocele, ocupando la cama n° 1 de la sala de la Milagrosa. Hago el primer viernes de mes.

Día 7 de mayo 1939, domingo. Licencian las quintas del 1927,1928 y 1929. Voy a la catedral, oigo misa, confieso y comulgo. Escribo a mis padres. Mi hermano sigue en el hospital, pero todas las tardes salgo con él de paseo.

Día 8 de mayo 1939, lunes. Escribo a mi novia.

Día 11 de mayo 1939, jueves. Viene de con permiso el escribiente del comandante Gómez Salas y ceso yo en el cargo. Mando por ferrocarril, a mis padres, un paquete con ropa que le sobra a mi hermano y a mí. Escribo a mis padres.

Día 12 de mayo 1939, viernes. Escribo a mi novia. Mi hermano sigue en el hospital, esperando le hagan la operación. Mientras tanto, todas las tardes sale conmigo de paseo.

Día 13 de mayo 1939, sábado. Operan a mi hermano. Al mediodía, voy a verlo. Me lo encuentro en la cama con fiebre y mucho dolor de cabeza. El sitio operado le daba punzadas. Toda la tarde hasta el anochecer, me estoy a su cabecera. Le consolaba mucho que le pusiera mi mano apretada sobre las sienes. Por la noche, al venirme para el cuartel, me dice que le duele un poco menos la cabeza y consigue dormirse.

Día 14 de mayo 1939, domingo. A las 7 de la mañana, oigo misa en la catedral. Al salir, voy al hospital y me lo encuentro incorporado en la cama. Tenía buena cara, ganas de bromas y no le dolía la cabeza, a pesar de tener fiebre. Estoy con él hasta la hora de almorzar, que me voy al cuartel. Almuerzo y vuelvo otra vez al hospital.

Día 15 de mayo 1939, lunes. Recojo de Triana una muda de ropa de mi hermano y se la llevo al hospital. Mi paisano Antoñito Jiménez también está en la misma sala que mi hermano, en la cama nº 3, y se operó el mismo día que él, pero de hernia. Escribo a mis padres y les digo que mi hermano se ha operado.

Día 16 de mayo 1939, martes. Escribo a mi novia. Después de almorzar, voy a ver a mi hermano y le llevo media docena de plátanos. También voy al hospital militar de los escolapios, a ver a mi paisano Antonio Navarro.

Día 17 de mayo 1939, miércoles. Voy también al hospital y le llevo media docena de naranjas.

Día 18 de mayo 1939, jueves. Día de la Ascensión. Oigo misa en la catedral, confieso y comulgo. Al salir, voy al hospital y le llevo medio kilo de embutido de caña de lomo.

Día 19 de mayo 1939, viernes. Desfile de la Victoria en Madrid. Al mediodía, me lo encuentro levantado. Le han quitado la mitad de los puntos y va mejorando lentamente. Le entran mareos y se tiene que acostar. Escribo a mis padres.

Día 20 de mayo 1939, sábado. Entro de servicio de semana en la batería de destinos. A mi hermano le quitan los puntos que le quedaban.

Día 25 de mayo 1939, jueves. Licencian la quinta del 1930. Mi hermano sigue mejor, ya se levanta y da sus paseítos por la sala. Yo ahora, como estoy de servicio de semana, no puedo ir todos los días a verlo. Escribo a mi novia.

Día 27 de mayo 1939, sábado. Me relevan y salgo de servicio de semana. Recibo un paquete de mi casa con unos pantalones rectos caqui. Por la tarde, voy a Triana, recojo una muda de mi hermano y se la llevo al hospital.

Día 28 de mayo 1939, domingo. Oigo misa en la catedral. Hoy es el primer día que mi hermano sale de paseo, desde que lo operaron. En el hospital, le dan una entrada y va a ver los toros. Sale la procesión de María Auxiliadora.

Día 29 de mayo 1939, lunes. Escribo a mi novia.

Día 31 de mayo 1939, miércoles. Estoy resfriado. Voy a Sevilla. Al bajarme del autobús, delante de Correos, me encuentro con mi hermano que me está esperando y nos vamos a pasear con su amigo Fontes. Escribo a mis padres.

Desfile de la Victoria en Madrid, 19 de mayo de 1939.

JUNIO DE 1939

Día 2 de junio 1939, viernes. Cobro la paga del mes de mayo. Mi hermano sigue mejorando lentamente. Es primer viernes de mes. Voy a la catedral y confieso y comulgo. Escribo a mi novia.

Día 4 de junio 1939, domingo. Licencian la quinta del 1932. Voy a misa a la catedral. Después, voy por el hospital a ver a mi hermano. Nos

144

salimos de paseo y, por la tarde, le dan una entrada en el hospital y se va a los toros.

Día 5 de junio 1939, lunes. Me hago un pantalón briches de lana caqui. Me cuesta 80 pesetas. Entro de secretario en el Juzgado de instrucción del Regimiento, con el juez don Juan García León.

Día 6 de junio 1939, martes. Llueve bastante. Por la tarde, al salir de la oficina, marcho a Sevilla a ver a mi hermano. Escribo a mi novia.

Día 8 de junio 1939, jueves. Con mi hermano veo la procesión del Corpus, en la plaza de San Francisco, y después en la plaza de San Salvador. Después de la procesión, hubo un brillante desfile. Por la tarde, llueve. Escribo al fotógrafo de Medina del Campo, para que me mande las fotografías que me hice allí. También escribo a mis padres.

Día 10 de junio 1939, sábado. Escribo a mi novia y a mi primo Rafael Morales.

Día 11 de junio 1939, domingo. Por la mañana, voy a misa a la catedral. Después, me voy de paseo con mi hermano y estoy con él hasta el mediodía, que marché al cuartel. Por la tarde, no lo veo, pues se va a ver el fútbol.

Día 12 de junio 1939, lunes. Escribo a mis padres y a mi primo Mario, que se encuentra pasando unos días en mi casa.

Día 13 de junio 1939, martes. Evacuan a mi hermano al hospital Fundación Motilla. Por la tarde, voy a verlo, pero no lo dejan salir de paseo.

Día 14 de junio 1939, miércoles. Escribo a mi novia. Voy al hospital a ver a mi hermano, pero no me dejan entrar por no ser día de visita.

Día 16 de junio 1939, viernes. Recibo un giro de 25 pesetas para mi hermano. Le dan el alta a mi hermano en el hospital y, por la tarde, se marcha para Montilla. Pido permiso, pero, cuando me dan el pasaporte, ya se ha marchado el tren.

Día 17 de junio 1939, sábado. Por la mañana, marcho con permiso. Llego a Córdoba a las 11.45. Se ha marchado el tren que tengo que coger. Voy a la empresa de la SATA y en un coche de línea marcho para mi pueblo.

A la una de la tarde, llego al cruce de la carretera de mi pueblo. Me apeo. Me paso por casa de mi novia. Paro unos minutos hablando con ella y de seguida continúo para mi casa, a la cual llego y me encuentro con mi hermano que acababa de llegar en el tren de las 12 (el que yo perdí en Córdoba). En los días que paso en mi pueblo no hay pan.

Día 20 de junio 1939, martes. A las 10 de la mañana, juntamente con mi hermano, emprendo mi regreso a Sevilla. Llegamos a Córdoba a las 11 y media. Dejamos el equipaje en la Vinícola Montillana. Vamos en compañía de nuestro paisano Repiso al hospital militar, para ver a unos amigos. Nos paseamos un rato, almorzamos en la Vinícola y, a las dos de la tarde, cogemos otro tren para Sevilla, a la que llegamos sin novedad a las 5 y media, incorporándose mi hermano a su batería y yo a mi regimiento.

Día 22 de junio 1939, jueves. Voy a Sevilla. Me encuentro con mi hermano y me dice que en la batería le han dado ocho días de permiso. Escribo a mi novia y a mis padres y le doy las cartas a mi hermano para que se las lleve.

Día 23 de junio 1939, viernes. A las siete de la mañana, se marcha mi hermano con permiso.

Día 25 de junio 1939, domingo. Voy a Sevilla por la mañana y oigo misa en la catedral.

Día 26 de junio 1939, lunes. Escribo a mis padres y a mi primo Mario.

Día 27 de junio 1939, martes. Estoy un poco resfriado. Voy a la Auditoría a asuntos del juzgado, y al hospital a tomar declaración a un herido, y a ver a mi paisano José Luis Varo que está en el Hospital Central. En el cine del regimiento, veo la película *Al margen de la ley*. Escribo a Medina otra vez, para que me envíen los retratos que me hice; y a mi novia.

Día 30 de junio 1939, viernes. Licencian la quinta del 1935. Escribo a mis padres.

JULIO DE 1939

Día 1 de julio 1939, sábado. Regresa mi hermano de con permiso a las 11 de la noche, y no puedo verlo. Escribo a mi novia.

Día 2 de julio 1939, domingo. Voy a misa a la catedral. Viene mi hermano a verme al cuartel. Me entrega dos cartas, una de mis padres y otra de mi novia. Y me voy con él a pasear por Sevilla. Por la noche, entramos al cine y vemos *Mademoiselle doctor.*

Día 3 de julio 1939, lunes. Cobro la paga de junio. Por la tarde a las 6 y media, voy a Sevilla. Al bajarme del autobús, me encuentro a mi hermano tomándose una cerveza en el bar Correos. Me siento con él. Me enseña los papeles del licenciamiento, que ya los tiene arreglados. Damos unos paseos y, a las 9 de noche, nos despedimos en la plaza de San Fernando.

Día 4 de julio 1939, martes. Muy temprano, marcha mi hermano para casa licenciado. Escribo a mis padres. Mucho trabajo en la oficina.

Día 5 de julio 1939, miércoles. Escribo a mi novia. Voy y a la Auditoría y al hospital militar a tomar una declaración. Al mismo tiempo, visito a mi paisano Varo.

Día 7 de julio 1939, viernes. Primer viernes de mes. Voy a la catedral, oigo misa, confieso y comulgo.

Día 9 de julio 1939, domingo. Voy a misa a la catedral y comulgo. Hace un día de calor insoportable. Escribo a mi novia.

Día 12 de julio 1939, miércoles. Voy a la Auditoría de guerra y al Hospital Central, a ver a mi paisano Varo. Escribo a mis padres.

Día 13 de julio 1939, jueves. Escribo a mi novia.

Día 15 de julio 1939, sábado. Por la tarde, voy al barrio Heliópolis (hotelitos), a pasearme en la velada de la Virgen del Carmen, que hoy es el primer día.

Día 16 de julio 1939, domingo. Escribo a mi primo Mario y a mis padres. Oigo misa en el cuartel. Por la tarde, voy a Heliópolis a la verbena y después a Sevilla.

Día 17 de julio 1939, lunes. Escribo a mi novia. Por la tarde, voy al cine en los jardines de Murillo.

Día 18 de julio 1939, martes. Gran día para todos los españoles. Hoy se ha cumplido el tercer aniversario del glorioso Movimiento salvador de España. Por la mañana, oigo una solemne misa celebrada en la catedral. Después, hay un maravilloso desfile por delante de la tribuna que ocupa el teniente general don Gonzalo Queipo de Llano. Está hoy Sevilla que parece de dulce, toda engalanada con banderas, arcos de flores, iluminaciones y con las sevillanas vistiendo sus mejores trajes, etcétera. Por la noche, estuve viendo un desfile que hubo a las 12. Todo era

147

alegría y estrujones, pues por las calles apenas si se podía andar, de tanta gente. Por todas partes, música, altavoces de la radio. Cuando regreso al cuartel, son la una de la madrugada.

Día 19 de julio 1939, miércoles. Pocas ganas tengo de levantarme. He dormido muy poco.

Día 20 de julio 1939, jueves. Voy a pasear por el barrio de Helió-polis, por la tarde. Escribo a mis padres.

Día 21 de julio 1939, viernes. Mucho trabajo en la oficina. Escribo a mi novia.

Día 23 de julio 1939, domingo. Oigo misa en el patio del cuartel. Por la tarde, me paseo por el parque de María Luisa, María Cristina y voy a la velada que hay en Triana, feria, etcétera. Me encuentro en ella con mi amigo Raimundo Ortiz Reina.

Día 26 de julio 1939, miércoles. Mucho trabajo en la oficina. No salgo del cuartel, trabajando hasta las 10 de la noche.

Día 27 de julio 1939, jueves. A las 7 de la tarde, viene al cuartel a pasar revista el teniente general don Andrés Saliquet, jefe de la 2ª Región Militar, acompañado del general Llanaderas, su ayudante, y de varios coroneles y tenientes coroneles. En el cuartel les esperábamos todos, los jefes, oficiales y suboficiales, vestidos de gala. Se les tributaron los honores correspondientes.

Día 28 de julio 1939, viernes. Después de cenar, voy a Sevilla a unos asuntos del juzgado. Me encuentro con varios paisanos. Voy al hospital a ver a mi paisano Varo y, después, me paseo por los jardines de María Cristina.

Día 29 de julio 1939, sábado. Escribo a mi novia. Me llama el comandante Gómez Salas y me dice que, cuando el teniente León se marche, quiere que me vaya con él de escribiente a su despacho.

Día 30 de julio 1939, domingo. Oigo la santa misa en el patio del cuartel. Por la tarde, voy a Sevilla al hospital a ver a Varo, a casa del teniente León y a pasearme con mis amigos.

Día 31 de julio 1939, lunes. Escribo una carta al teniente ayudante de mi antigua plana mayor, don José María Onrubia, a Abarán (Murcia), donde se encuentra con el grupo, solicitándole me mande un certificado del tiempo que he estado en el frente y de mi conducta. Mi paisano Manolo Mesa viene a verme al cuartel, trayéndome noticias de mi casa.

Licencian la quinta de 1936. Termina el mes haciendo unos calores as-fixiantes.

Con uniforme de sargento de artillería, 1939.

AGOSTO DE 1939

Día 1 de agosto 1939, martes. Escribo a mis padres. Cobro la paga del mes de julio.

Día 2 de agosto 1939, miércoles. Escribo a mi novia. Por la noche, me estoy oyendo la radio en la sala de suboficiales hasta las 11, que me acuesto.

Día 3 de agosto 1939, jueves. Por la noche, salgo de paseo. Voy al barrio Heliópolis y a comer higos chumbos al lado del río Guadaira.

Día 4 de agosto 1939, viernes. Hago el primer viernes de mes. Voy a la Auditoría a asuntos del juzgado.

Día 6 de agosto 1939, domingo. Voy a oír misa a la catedral y, después, a ver a mi paisano Varo al hospital. Por la tarde, de paseo.

Día 7 de agosto 1939, lunes. Recibo carta del teniente don José María Onrubia Rivas, ayudante de la plana mayor del grupo a que pertenecí en campaña. Me manda un certificado de la Escuela de Transmisiones de Valladolid, de los cursillos que hice allí para centralinista y otro certificado del tiempo pasado en el frente y de mi conducta y actuación.

Día 8 de agosto 1939, martes. Por la tarde, voy a Sevilla a asuntos del juzgado.

Día 9 de agosto 1939, miércoles. Voy a correos y recojo un paquete de mi casa. Escribo a mis padres.

Día 10 de agosto 1939, jueves. Escribo a mi novia.

Día 12 de agosto 1939, sábado. A las 4.30 de la tarde, en tren, marcho con permiso. Llego a Córdoba a las 7 y media. No tengo combinación de tren. Me voy al puente San Rafael, al fielato. Después de esperar un rato, pasa un automóvil y en él me voy hasta el cruce de carreteras de mi pueblo. Me paso por casa de mi novia (a las 10 de la noche). Hablo con ella un momento y continúo para mi casa. Ceno y me voy a hablar con mi novia.

Día 14 de agosto 1939, lunes. Voy en automóvil con don Ángel Méndez a Córdoba, a asuntos de bodega y vinos.

Día 20 de agosto 1939, domingo. Terminado mi permiso, regreso a Sevilla y me incorporo a mi regimiento.

Día 21 de agosto 1939, lunes. Mucho trabajo en la oficina. Escribo a mis padres.

Día 22 de agosto 1939, martes. Escribo a mi novia.

Día 24 de agosto 1939, jueves. Por la mañana, voy con el teniente juez a la Prisión militar de Ranilla. Escribo al teniente Onrubia, en contestación a una carta suya que he recibo, y a mis padres. Voy otra vez a la Prisión de Ranilla.

Día 26 de agosto 1939, sábado. Voy a la Prisión Provincial con el juez, a tomar unas declaraciones. Escribo a mi novia. A las 7 de la tarde, voy a la Auditoría de guerra. Entro al cine Capuchinos y veo *Carmen de la Triana*.

Día 27 de agosto 1939, domingo. Oigo misa en el patio del regimiento. Por la tarde, voy a Sevilla. Me encuentro con mi amigo Raimundo Ortiz. Entramos al cine y vemos la película *Jaque al rey*.

Día 28 de agosto 1939, lunes. Escribo a mis padres.

Día 30 de agosto 1939, miércoles. Escribo a mi novia.

Día 31 de agosto 1939, jueves. Por la tarde, voy a Sevilla a asuntos del juzgado. Compro unas cosas del comercio: jabón de la cara, pasta para los dientes, etcétera.

SEPTIEMBRE DE 1939

Día 1 de septiembre 1939, viernes. Por la mañana, voy a la catedral y hago el primer viernes de mes.

Día 3 de septiembre 1939, domingo. Oigo misa en el regimiento. Por la tarde, de paseo. Veo la película *Un par de gitanos*.

Día 4 de septiembre 1939, lunes. Cobro la paga del mes de agosto. Voy a Sevilla y le compro a mi novia un reloj de pulsera (250 pesetas). Escribo a mi novia.

Día 5 de septiembre 1939, martes. Voy a la Auditoría. Pongo a mis padres un giro de 50 pesetas.

Día 6 de septiembre 1939, miércoles. Voy a la Prisión Provincial, a tomar declaración a tres individuos. Escribo a mis padres.

Día 8 de septiembre 1939, viernes. Cobro la media dieta de julio: 116,25 pesetas.

Día 9 de septiembre 1939, sábado. Escribo a mi novia.

Día 10 de septiembre 1939, domingo. Oigo misa en el regimiento. Voy a la Prisión de Ranilla, a hacer una notificación a un preso. Por la tarde, de paseo. Entro al cine y veo *La Dolorosa*. Escribo a mis padres.

Día 11 de septiembre 1939, lunes. Escribo a mi primo Rafael Morales.

Día 12 de septiembre 1939, martes. Recibo carta de mi antiguo grupo, en la que me mandan un certificado en el que me concede el excelentísimo señor general Jefe del Cuerpo Ejército de Levante, de acuerdo con las normas de S. E. el Generalísimo, una «Cruz de Guerra», una «Cruz Roja» y una «Medalla de Campaña».

Día 13 de septiembre 1939, miércoles. Escribo a mi novia.

Día 14 de septiembre 1939, jueves. Escribo a mis padres.

Día 15 de septiembre 1939, viernes. Voy a la Auditoría a llevar unos expedientes. Compro dos corbatas (10 pesetas), una correa de paisano (4 pesetas), dos pares de calcetines (12 pesetas). Me hago tres fotos grandes (12 pesetas) y 4 de carnet (1,50 pesetas).

Día 16 de septiembre 1939, sábado. Voy a Sevilla a dar un paseo.

Día 17 de septiembre 1939, domingo. Oigo misa en el regimiento. Escribo a mi novia. No tengo ganas de salir y me quedo en el cuartel.

Día 18 de septiembre 1939, lunes. Me compro unos zapatos (46,80 pesetas).

Día 19 de septiembre 1939, martes. Escribo a mis padres.

Día de 20 de septiembre 1939, miércoles. Voy a Sevilla a recoger las fotos y no están terminadas.

Día 21 de septiembre 1939, jueves. Están terminadas las fotos y las recojo. Escribo a mi novia y le mando una.

Día 22 de septiembre 1939, viernes. Por la mañana, estando en la oficina, me llama por teléfono mi primo Rafalito Panadero, desde su cuartel de intendencia, el cual acaba de llegar de Écija, donde se encontraba con su compañía. Llevo dos años sin verlo. Por la tarde, voy a verlo a la calle Fortaleza y me paseo con él.

Día 23 de septiembre 1939, sábado. Voy con el teniente juez a la Prisión Provincial, a tomar declaración a un individuo.

Día 24 de septiembre 1939, domingo. Oigo misa en el regimiento. Por la tarde, voy a Sevilla y me paseo con mi primo Rafalito Panadero.

Día 25 de septiembre 1939, lunes. Escribo a mi novia.

Día 26, martes. Voy a Sevilla y recojo unas fotos de carnet. Escribo a mi novia.

Día 27 de septiembre 1939, miércoles. Escribo a mis padres.

Día 28, jueves. Voy con el juez a la Prisión Provincial, a tomar declaración a un desertor. Escribo a mi primo Rafalito Morales.

Día 29 de septiembre 1939, viernes. Escribo a mi novia.

Día 30 de septiembre 1939, sábado. Recibo carta de mi amigo Daniel Anadón (sargento) y le contesto. Se marchan licenciados los de la quinta de 1937 (se queda en puerta la mía). Entra en la oficina del juzgado, de escribiente, mi paisano Rafalito Portero.

OCTUBRE DE 1939

Día 1 de octubre 1939, domingo. Desde hoy se llama mi regimiento el Regimiento de Artillería n° 14, en vez de Regimiento Artillería Ligera n° 3, como hasta ahora se venía llamando. Oigo misa en el patio del cuartel. Por la tarde, me paseo por Sevilla con mi primo Rafalito Panadero y paisanos.

Día 3 de octubre 1939, martes. Cobro el mes de septiembre. Voy a Sevilla y entro al cine San Luis.

Día 4 de octubre 1939, miércoles. Pongo un giro a mis padres de 75 pesetas.

Día 5 de octubre 1939, jueves. Por pase a la situación de retirado, deja el mando del Regimiento el señor coronel don Vicente Valera y Conti, tomando posesión de él el coronel don Manuel de Lizaur y Paul. Las baterías formadas rinden honores, asistiendo a la entrega del mando el general de brigada don Ciriaco Cascajo y Ruiz.

Día 6 de octubre 1939, viernes. Voy a la catedral y hago el primer viernes de mes. A las ocho de la noche, marcho con cuatro días de permiso. Está averiada la línea de Los Rosales, y marcho por la de Dos Hermanas, Utrera, La Roda, Puente Genil, Aguilar, llegando a mi pueblo a las 4 de la mañana del día 7. Llego a mi casa. Están todos acostados. Llamo y se llevan gran sorpresa al verme llegar a estas horas (pues no me esperaban).

Días 7, 8 y 9 de octubre 1939, sábado, domingo y lunes. Los paso en mi pueblo.

Día 10 de octubre 1939, martes. A las seis de la tarde, emprendo mi viaje a incorporarme a mi regimiento. Llego a Córdoba a las 8. Se ha marchado el tren que tenía que coger. Llevo muchos paquetes para mis paisanos y, en vez de marcharme a dormir a una fonda, decido quedarme en la estación. Dentro de un vagón de 3ª, paso la noche hasta las 5 de la mañana, que cojo el tren para Sevilla.

Día 11 de octubre 1939, miércoles. Me incorporo a mi regimiento a las 8 y media de la mañana.

Día 12 de octubre 1939, jueves. Fiesta de la Raza. Escribo a mis padres y a mi novia. Por la tarde, con mi primo Rafalito Panadero y con mi paisano Rafalito Portero, voy al cine Florida.

Día 13 de octubre 1939, viernes. Recibo carta de mi primo Mario Polonio, en la cual me manda una foto suya.

Día 14 de octubre 1939, sábado. Escribo a mi primo Mario y le mando una foto mía.

Día 15 de octubre 1939, domingo. Hoy es Santa Teresa, día de mi novia. Oigo misa en el cuartel. Por la tarde, entro al cine en el Triana Cinema.

Día 16 de octubre 1939, lunes. Voy a la Auditoría. Compro una corbata (5 pesetas) y unos calcetines de seda (6 pesetas) para mi hermano. Escribo a mis padres y a mi amigo Daniel Anadón.

Día 17 de octubre 1939, martes. Escribo a mi novia.

Día 20 de octubre 1939, viernes. Con mi paisano Rafalito Portero, que va con permiso, mando a mi casa la corbata y los calcetines que compré para mi hermano.

Día 21 de octubre 1939, sábado. Escribo a mi novia.

Día 22 de octubre 1939, domingo. Voy a oír misa a la catedral, confieso y comulgo. Por la tarde, voy al cine Lumbreras y veo *Una noche en la ópera*.

Día 23 de octubre 1939, lunes. Por la tarde, voy a la Auditoría. Escribo a mis padres.

Día 25 de octubre 1939, miércoles. Voy a la Auditoría a llevar unos expedientes, por la tarde.

Día 26 de octubre 1939, jueves. Viene mi primo Rafalito Panadero a verme al cuartel.

Día 29 de octubre 1939, domingo. Por la mañana, voy a oír misa a la catedral. Asisto a una concentración en la Cruz de los Caídos. Por la tarde, voy al Triana Cinema y veo la película *La pequeña rebelde*.

Día 30 de octubre 1939, lunes. Voy a la Auditoría de guerra por la tarde.

Día 31 de octubre 1939, martes. Compro un corte de traje azul marino (3 metros, a 40 pesetas uno, 120 pesetas). Hago mis preparativos para marchar mañana con permiso. Cobro la paga de este mes.

NOVIEMBRE DE 1939

Día 1 de noviembre 1939, miércoles. Salgo temprano de Sevilla en la Alsina y llego a Córdoba a las 11 de la mañana. A las 12, continúo mi viaje en otro coche de la empresa Alsina, llegando a mi pueblo a las 2 de la tarde.

Día 5 de noviembre 1939, domingo. Terminado mi permiso, emprendo mi viaje a incorporarme a mi regimiento. De mi pueblo salgo en tren a las 10 de la mañana, llegando a Sevilla a las 5 y media de la tarde, después de haber tenido que esperar en la estación de Córdoba hasta las 2 y media.

Día 6 de noviembre 1939, lunes. Por la mañana, oficina como todos los días. Por la tarde, voy a Sevilla a llevarle un paquete de su casa a mi primo Rafalito Panadero. Escribo a mi novia.

Día 7 de noviembre 1939, martes. Voy por la tarde al cuartel de ingenieros y le entrego a mi paisano Francisco Leal Cabello un paquete de su casa. También voy a la Fábrica de Artillería, a hablar con el teniente coronel don Joaquín Gómez Pantoja sobre el asunto de un coche de don Ángel Méndez. Escribo a mis padres.

Día 8 de noviembre 1939, miércoles. Compro en el economato del cuartel un kilo de azúcar.

Día 11 de noviembre 1939, sábado. Por la mañana, voy con el teniente juez a la Prisión Provincial, a tomar una declaración y hacer unas notificaciones. Por la tarde, voy al campo de concentración de Heliópolis a practicar unas diligencias.

Día 12 de noviembre 1939, domingo. Voy a misa de 8 a la catedral, confieso y comulgo. Trabajo un rato por la mañana en la oficina. Por la tarde, voy al cine Imperial y veo la película *La canción de Aixa* en español, por Imperio Argentina.

Día 13 de noviembre 1939, lunes. Por la tarde, hay revista a todas las unidades del cuartel, por el señor coronel del Regimiento. La formación se hace en el patio del cuartel. Yo formé con la plana mayor de la agrupación de combate a la que pertenezco. Escribo a mis padres.

Día 14 de noviembre 1939, martes. Viene al Regimiento el general don Ciriaco Cascajo y pasa revista a todas las baterías formadas con armamento. Escribo a mi novia.

Día 15 de noviembre 1939, miércoles. Recibo carta del capitán don Wenceslao Barrios Calvis, antiguo teniente ayudante de la plana mayor del grupo a que pertenecí en campaña, en la que me pide le saque una copia del diario de operaciones del grupo y se la mande.

Día 16 de noviembre 1939, jueves. Recibo otra carta del capitán Barrios, pidiéndome solicite al señor coronel un certificado para él, del tiempo que ha estado en el frente, de sus servicios y comportamiento, y que se lo mande a Oyarzun (Guipúzcoa), donde se encuentra. Contesto a la carta del capitán Barrios.

Día 17 de noviembre 1939, viernes. Escribo una carta a mis padres y otra al capitán Barrios, con la cual le mando un certificado de sus servicios y copia del diario de operaciones de mi antiguo grupo (1º Legionario de Artillería).

Día 18 de noviembre 1939, sábado. Escribo a mi novia.

Día 19 de noviembre 1939, domingo. Por la mañana, voy a misa a la catedral, confieso y comulgo. Por la tarde, a las 6 y media, voy al cine Salón Imperial y veo la película *Cuando me siento feliz*. Estoy resfriado y, en cuanto salgo del cine, me voy al cuartel y me acuesto, pues me duele mucho la cabeza.

Día 20 de noviembre 1939, lunes. Voy a la Auditoría de guerra a asuntos del juzgado.

Día 21 de noviembre 1939, martes. Por la tarde, voy a la Auditoría de guerra, a llevar unos expedientes. Me doy un paseo por Sevilla. Escribo a mis padres.

Día 22 de noviembre 1939, miércoles. Escribo a mi novia.

Día 23 de noviembre 1939, jueves. Solicito mi licenciamiento, acogiéndome a la orden que sale en el Boletín Oficial, referente a que los que voluntariamente ingresaron en el Ejército y Milicia, y lleven más de tres años de servicio, que se pueden licenciar.

Día 24 de noviembre 1939, viernes. Por la tarde, voy al cuartel de intendencia para ver a mi primo Rafalito Panadero. Escribo una carta a mis padres.

Día 26 de noviembre 1939, domingo. Por la mañana, voy a misa a la catedral. Al salir de misa, voy al cuartel de intendencia y me estoy un rato con mi primo Rafalito Panadero. Escribo a mi novia. Por la tarde, voy al cine y veo la película *La muchacha de anoche*, en el Imperial Cinema.

Día 27 de noviembre 1939, lunes. Por la tarde, voy al cuartel de intendencia a ver a mi primo. Pongo una conferencia y hablo con mi madre y con mi hermana Inés, y les encargo me manden un certificado del tiempo que estuve en las Milicias Nacionales.

Día 28 de noviembre 1939, martes. Me ponen de mi casa una conferencia y me dicen que vaya por Montilla a recoger el certificado de mis servicios prestados en las Milicias Nacionales. Pido permiso. Me lo conceden y, a las 7 de la tarde, en tren, salgo de Sevilla. Llego a Córdoba a las 11 y espero hasta las 4 de la mañana del día 29, a cuya hora cojo otro tren y llego a la estación de mi pueblo a las 6 de la mañana.

Día 29 de noviembre 1939, miércoles. Al llegar a mi casa, me entregan mis padres el certificado que ya está hecho y regreso para Sevilla en el tren de las 10 de la mañana, llegando a dicha capital a las 6 de la tarde.

Día 30 de noviembre 1939, jueves. Me entregan los papeles del licenciamiento arreglados para poder marcharme a mi casa. Voy a la Auditoría de guerra a llevar unos expedientes. También voy a ver a mi primo Panadero a su cuartel, y me dice que espera que mañana lo licencien a él también, por cuyo motivo no me marcho hoy a mi casa, para irme mañana junto con él.

DICIEMBRE DE 1939

Día 1 de diciembre 1939, viernes. A pesar de estar licenciado, por la mañana trabajo en la oficina con el teniente juez, don Juan García León. Cobro la paga del mes de noviembre. Por la mañana temprano, he estado en Sevilla. Fui a la iglesia de San Lorenzo, hice el primer viernes de mes y di las gracias a Jesús del Gran Poder, por haberme librado de los males de la guerra y poder entrar en mi casa, una vez cumplidos mis servicios con la patria, en perfecto estado de salud, como antes de empezar la campaña. Hago mis preparativos de marcha.

Día 2 de diciembre 1939, sábado. Emprendo mi viaje hacia mi pueblo, llegando a mi casa sin novedad.

* * *

En este estado, y una vez que mis servicios a la patria en el Ejército Nacional han terminado, dejo parado mi diario, ya que mi propósito al comenzarlo solo fue el de anotar lo más principal que me ocurriese durante el período transcurrido desde la iniciación del glorioso Movimiento nacional de España, hasta la terminación de mis servicios militares.

* * *

Καὶ γνώσεσθε τὴν ἀλήθειαν
καὶ ἡ ἀλήθεια ἐλευθερώσει ὑμᾶς